Veröffentlichungen des Seminars für Internationales Recht an der Universität Kiel.

Herausgegeben von
Theodor Niemeyer.

2. Heft.

Neutralität, Neutralisation und Befriedung im Völkerrecht.

Von

Wolfgang Krauel.

München und Leipzig.
Verlag von Duncker & Humblot.
1915.

Neutralität, Neutralisation und Befriedung im Völkerrecht.

Von

Wolfgang Krauel,
Referendar.

Veröffentl. d. Kieler Seminars f. Internat. Recht ◦ Heft 2.

München und Leipzig.
Verlag von Duncker & Humblot.
1915.

Alle Rechte vorbehalten.

Altenburg
Pierersche Hofbuchdruckerei
Stephan Geibel & Co.

Inhalt.

	Seite
Erstes Kapitel. Die Beschränkung des Krieges und das Völkerrecht	1
I. Der Gedanke einer Beschränkung des Krieges und der Neutralitätsgedanke	1
II. Fälle tatsächlicher Neutralität im Altertum: Die Neutralität als Rechtsbegriff eine moderne Schöpfung	3
III. Frühe rechtliche Regelung des Gedankens einer Sicherstellung einzelner Gebiete: Beispiele aus der griechischen und römischen Geschichte und dem Mittelalter	4
IV. Parallelentwicklung des Gedankens einer Sicherstellung einzelner Gebiete und des Neutralitätsgedankens als zweier getrennter Erscheinungen	7
V. Gemeinsames politisches Ziel zweier verschiedener völkerrechtlicher Rechtssätze	10
VI. Die Aufgabe der Untersuchung: Der Begriff der völkerrechtlichen „Befriedung" und seine Stellung im völkerrechtlichen System	10
Zweites Kapitel. Die Neutralität	13
I. Grundlagen der Neutralität	13
II. Das Recht zur Verteidigung und der Neutralitätsbegriff	13
III. Neutralität eine Rechtsbeziehung von Staat zu Staat	14
IV. Doppelnatur des Neutralitätsbegriffs	15
V. „Begrenzung des Kriegsschauplatzes" und Neutralität: Verträge der Kriegführenden untereinander (z. B. 1870/71), Verträge der Kriegführenden mit den Unbeteiligten (z. B. 1780/81 und die Kongoakte)	16
VI. Dauer der Neutralität: „Vorübergehende" und „dauernde" Neutralität	24
VII. Die Unbeschränkbarkeit des Neutralitätsbegriffs	27
VIII. Zusammenfassung der Merkmale des Neutralitätsbegriffs: Abgrenzung von den Begriffen „Beschränkung des Kriegsschauplatzes", „Neutralisation" und „Befriedung"	30
IX. Neutralitätserlasse und Neutralitätsverträge	32
Drittes Kapitel. Die Neutralisation	35
I. Sprachliche Verschiedenheit der Ausdrücke „Neutralisation" und „Neutralität"	35

II. Grundlagen der Neutralisation: Die Verträge des zu neutralisierenden Staates mit den anderen Staaten der Staatengemeinschaft 35
  1. Die Neutralisation Maltas durch den Frieden von Amiens im März 1802 37
  2. Die Neutralisierung der Schweiz 38
  3. Die Neutralisation Belgiens 39
  4. Die Neutralisation des Kongostaates 40
III. Wesentliche Merkmale des Inhalts dieser Verträge: Friedenspflichten und Kriegspflichten des neutralisierten Staates 42
IV. Die gemeinsamen Merkmale der Begriffe „Neutralität" und „Neutralisation" 45
V. Das Recht der Verteidigung und der Neutralisationsbegriff 45
VI. Zusammenfassung der Merkmale des Neutralisationsbegriffes und Abgrenzung von den Begriffen „Neutralität" und „Neutralisation", „Begrenzung des Kriegsschauplatzes" und „Befriedung" 46

Viertes Kapitel. Die Befriedung 48
  I. Befriedung kraft Ausschlusses der Feindseligkeiten und kraft natürlichen Ausschlusses der Verteidigung, im Gegensatz zu der Befriedung kraft Ausschlusses der Feindseligkeiten und kraft Ausschlusses der Verteidigung infolge ausdrücklichen Verbots 48
  II. Der Begriff der natürlichen Befriedung und der rechtliche Zustand Krakaus 50
  III. Befriedung kraft Ausschlusses der Feindseligkeiten und begrifflichen Ausschlusses der Verteidigung 52
  IV. Verträge zum Schutze der Verwundeten und ihrer Pflege 53
  V. Verträge zum Schutze internationaler Kommissionen und ihrer Anlagen (Rhein, Donau, Kongo, Niger) 57
    1. Rhein 57
    2. Donau 58
    3. Kongo 58
    4. Niger 59
  VI. Verträge zum Schutze einzelner Bauten allein (Bauten am Süßwasserkanal von Suez und am Panamakanal, Gotthardbahn, Kap Spartel) 59
  VII. Voraussichtliche Lage von Spitsbergen 63
  VIII. Zusammenfassung der gemeinsamen Merkmale dieser Verträge 64
  IX. Befriedung kraft ausdrücklichen Ausschlusses der Feindseligkeiten und Ausschluß des Verteidigungsrechtes infolge ausdrücklichen Verbots 65
  X. Befriedete Staaten: Luxemburg 66

Inhalt. VII

	Seite
XI. Befriedete Gebiete: Chablais und Faucigny; Moresnet; Ionische Inseln; Norwegisch-schwedischer Vertrag von 1905	68
XII. „Negative Neutralisation" der Dardanellen	74
XIII. Vorübergehende Befriedung des Schwarzen Meeres	76
XIV. Vorübergehende Befriedung der montenegrinischen Gewässer	78
XV. Die Magelhaens-Straße	78
XVI. Die rechtliche Lage der Kanäle von Suez und Panama	79
XVII. Zusammenfassung der Begriffsmerkmale der Befriedung und Abgrenzung von den Begriffen „Neutralität", „Neutralisation" und „Begrenzung des Kriegsschauplatzes"	88
I. Befriedung und Neutralität	89
II. Befriedung und Begrenzung des Kriegsschauplatzes	90
III. Befriedung und Neutralisation	90

Fünftes Kapitel. Einige andere rechtliche Formen des Gedankens einer Beschränkung des Krieges 91
  I. Befestigungsverbote und Grenzschutzstreifen als Ausdruck des Gedankens einer Beschränkung des Krieges . . . 91
  II. Befestigungsverbote 91
  III. Grenzschutzstreifen und Interessensphäre. 95

Schriftennachweis.

Abhandlungen aus dem Staats-, Verwaltungs- und Völkerrecht. (Abhandlungen.)
Abhandlung von der Neutralität und Hilfeleistung im Kriege. 1785. Namenlos.
Abribat, Le détroit de Magelan au point de vue du droit international. 1902.
American Journal of international law. (A.-J.)
Annuaire de l'Institut de droit international. (Annuaire), seit 1877.
Annals of the american Academy.
Arias, The Panama-Canal. 1911.
Ariga, Befestigungsfrage beim Panamakanal. Revue diplomatique Japanoise. Okt. 1910, abgedr. R.-G. 1911, Br. 18, 82 ff.
Balch, Brief über die Panamakanalstreitfrage. R.-J. 1913, S. 139 ff.
Baty, Frage der Panamakanalabgaben. Jahrb. für Völkerrecht Bd. I, 1913, S. 403 ff.
Bayer, Navires de guerre et ports neutres. R.-J. 1900, S. 242 ff.
Bergbohm s. Martens.
Bluntschli, Das moderne Völkerrecht der zivilisierten Staaten. 1878.
Böhm-Niemeyer s. Zeitschrift.
Bonfils, Manuel de droit international public. 1912.
British bluebook. Egypt. Nr. 1. 1888.
Brunner-Festschrift der Berliner Universität für 1914.
Bunau-Varilla, Zwei Briefe zur Befestigungsfrage des Panamakanals. R.-G. 17, 549.
Butte, Frage der Panamakanalabgaben. Jahrb. des Völkerrechts Bd. I, 1913, S. 453 ff.
Bynkershoek, Quaestionum iuris publici. 1702.
Caesar de bello Gallico. Ausg. Teubner.
Calvo, Le droit international public. 1896.
Camand, Études sur le régime juridique du Canal de Suez. 1899.
Chamberlain, L., Ein Kapitel nationaler Schande. 1912. Übersetzt aus der Nordamerikanischen Revue.
Columbiens Proteste in der Panamakanalfrage, in deutscher Übersetzung im Verlag von Richter. 1903. Namenlos.
Conférence de la paix. 1908/09. Actes et documents. 3 Bde.
Conventionen s. Haager.

Davin, Die Befestigungen des Kanals von Panama. Questions 1912. S. 408 ff.
Despatch from secretary of state at Washington vom 20. Januar 1913. Miscellaneous 1913, Nr. 2.
Despatch to H. M. ambassador at Washington vom Dezember 1912. Miscellaneous 1912, Nr. 12.
Deutsche Juristenzeitung.
Despagnet, Cours de droit international public. 1910.
Descamps, L'État neutre à titre permanent. 1912.
Detreux, Der Suezkanal. Abhandlung Bd. 13, 1914.
Diodorus, Bibliotheca historica. Ausg. Teubner.
Diplomatic correspondence of the United States.
Eyschen, Das Staatsrecht des Großherzogtums Luxemburg, 1910, in Öffentl. Recht d. Gegenwart, Bd. 11.
Fleischmann, Völkerrechtsquellen. 1905.
v. Floeckher, La question de la mer baltique. R.-G. 15, 571 ff.
— La convention relative à la mer baltique et la question des fortifications des Iles d'Aland. R.-G. 15, 215 ff.
Fodéré s. Pradier.
Gareis, Institutionen des Völkerrechts. 1901. Giessen.
Geffcken, La question d'Alasca. R.-J. Bd. 23 S. 236 ff.
— Neutralität, in Holtzendorffs Handb. Bd. 4, 317 ff.
Grotius, Hugo, De iure belli ac pacis. 1625.
Haager Konventionen.
Hagerup, La neutralité permanente. R.-G. 1905, S. 577 ff.
— Berichte über d. Spitsbergenkonferenz [1]. Jahrb. f. Völkerrecht Bd. I.
Hains, The neutralisation of the Panama-Canal. A.-J. 354 ff. (1909).
Hall, F., A treatise of international law. 4. Aufl. 1908.
Huberich, H., The transisthmian canal. 1904.
Hubrich, E., Preußisches Staatsrecht. 1909.
— Staatsformen, 1912, in Handb. d. Politik Bd. 1.
Holtzendorff, Handbuch des Völkerrechts.
Huber, Das Neutralitätsrecht in seiner heutigen Gestaltung. 1908. Festgabe des Schweizer Juristenvereins. 46. Jahresversammlung.
Hereshoff, Über die Gebührenfrage. Law magazine and Review, November 1912, S. 547 ff.
Jahresbericht der Hamburger Handelskammer. 1912.
Japanische diplomatische Revue.
Idmann, Le traité de garantie. 1913. Diss. Helsingfors.
Jellinek, G., Allgemeine Staatslehre. 1914.
— Lehre von den Staatenverbindungen. 1882.
Kaufmann, Das Panamakanalgesetz vom 24. August 1912 und das Völkerrecht, in Zeitschr. f. Völkerrecht und Bundesstaatsrecht Bd. IV, 1912; vgl. auch R.-J. 1912.
Kennedy, The canal fortification and the treaty. A.-J. 1911, S. 615 ff.

---

[1] Verfasser legt Wert auf die Schreibweise „Spitsbergen".

Knapp, The neutralisation of the Panama-Canal. A.-J. 1910, Bd. 4 S. 314 ff.
Krauel, R., Die Ablösung des Sundzolls und die preußische Politik. Hans. Geschichtsbl. Bd. 13, 319 ff.
— Die Haltung Preußens in Fragen des Seekriegsrechts von 1783—99. Forschungen zur Brandenburg-Preußischen Geschichte. 1911. S. 183 ff.
— Die Petersburger Konvention vom 5./17. Juni 1801 und das Seekriegsrecht. Festgabe für Brunner. 1914.
— Preußen und die bewaffnete Neutralität von 1780. Forschungen zur Brandenburg-Preußischen Geschichte. 1908. S. 435 ff.
Lawrence, Principles of international law. 1910.
— A Handbook of Public international law. 1898.
Law magazine and review.
Lehmann, Der Panamakanal, in Böhm-Niemeyer Bd. 33, 46 ff., Abt. 2.
Lesseps, Lettres journals documents pour servir à l'histoire du canal de Suez. Paris 1875.
v. Liszt, Völkerrecht. 1913.
Marinerundschau: Neutralitätserlasse. 14. Beiheft, Jahrg. 1904.
Martens, La neutralisation de Danemark. Revue de deux mondes vom 15. Nov. 1903, S. 314.
— Nouveau receuil des traités (N.R.N.).
— Receuil des traités conclus par la Russie avec les puissances étrangères (R.N.).
— Völkerrecht. Deutsche Übersetzung von Bergbohm. Berlin 1886.
— Briefwechsel mit Travers Twiss über Neutralisierung des Suezkanals. Annuaire 1879/80, Bd. I S. 329 ff.
v. Martitz, Völkerrecht, in Hinnebergs „Kultur der Gegenwart" S. 427 ff. 1906.
— Eine Besprechung. DJZ. Bd. 15 S. 988.
— Die Entstehung des neuen Gotthardbahnvertrages vom 13. Okt. 1909. Festschrift für Brunner. 1914.
Milovanowitsch, Les traités de garantie au 19. Siècle. 1888.
Miscellaneous: Veröffentlichung diplomatischer Dokumente durch das Stationary Office in London.
Moore, A digest of international law. 1906.
Morand, Les origines de la neutralité perpétuelle. R.-G. Bd. I, 522 ff.
Moye, N., La question des Iles de Samoa. R.-G. 6, 125 ff.
Müller-Heymer, Der Panamakanal in der Politik der Vereinigten Staaten. Diss. Würzburg. 1909.
Neutralitätserlasse s. Marinerundschau.
Niemeyer s. Zeitschrift.
Nymayer v. Ramsla, Von der Neutralität und der Assistenz oder der Unpartylichkeit in Kriegszeiten. 1620.
Nouveau Receuil des traités s. Martens.
Nys, Le droit international. 1912.
— Notes sur la neutralité. R.-J. Jahrg. 1900 S. 516 ff., 1901 S. 413 ff.

Olney, Fortification of the Panama-Canal. A.-J. 1911 S. 298 ff.
Oppenheim, International law. 1912.
— The Panama-Canal Conflict. 1913.
Parliamentary papers of the United States.
Pensa, La république et le canal de Panama. 1906.
Perels, Allgemeines öffentliches Seerecht des Deutschen Reichs.
— Das internationale öffentliche Seerecht der Gegenwart. 1903.
Polybius, Historiae. Teubnersche Ausg.
Philippson, The international law and custom of ancient Greece and Rome. 1911.
Protocoles et actes de la conférence du 26. février (Kongo-Acte) 1885 à Berlin. Brüssel 1885.
Pradier-Fodéré, Traité de droit international public. 1906.
Quabbe, Die völkerrechtliche Garantie. 1911.
Questions diplomatiques et coloniales (Questions).
Reichsgesetzblatt.
Rheinstrom, Die Kanäle von Suez und Panama. Diss. Würzburg 1906.
Repond, J., Bâle sous le canon allemand. R.-J. 1904.
Revue général de droit international (R.-G.).
Revue de droit international et de législation comparée (R.-J.).
Rivier, Völkerrecht. 1889.
Rossignol, Le Canal de Suez.
Revue de deux mondes.
Rupert, Le Grand-Duché de Luxembourg et ses relations internationales. 1892.
Roux, Ch., l'Isthme et le Canal de Suez. 1901.
Sauser-Hall, G., Des belligérents internés chez les neutres en cas de guerre terrestre. 1910. Genfer Dissertation.
Scholz, Krieg und Seekabel. 1904.
Schopfer, Le principe juridique de la neutralité et son évolution dans l'histoire de droit de guerre. 1894.
Strupp, Urkunden zur Geschichte des Völkerrechts. 1911.
Twiss, The law of nations. 1884.
— De la sécurité de la navigation dans le Canal de Suez. R.-J. 1882. S. 70 ff.
Tarlé, Le Canal de Panama et l'impérialisme américain. Questions 16, 1. 1914.
Ullmann, Völkerrecht, 1908, in Öffentl. Recht d. Gegenw. Bd. III.
Usanaz-Jovis, La neutralisation de la Savoie. 1904.
Wambough, The right to fortify the Panama-Canal. A.-J. 1911, 615 ff.
Wampach, G., Das neutrale Luxemburg. 1900.
Waultrin, La neutralité des Iles d'Aland. R.-G. Bd. 14 S. 517 ff.
Westlake, Notes sur la neutralité-permanente. R.-J. 1904 S. 389 ff.
— International law. 1910/13.
Zeitschrift für internationales Privat- und öffentliches Recht (Böhm-Niemeyer).

Erstes Kapitel.
Die Beschränkung des Krieges und das Völkerrecht.

I.

Wie man das Prinzip des europäischen Gleichgewichts, d. h. den Ausgleich im politischen Kräftesystem der europäischen Staatengemeinschaft, als die Grundlage des Völkerrechts überhaupt anzusehen berechtigt ist, so kann man als Maßstab für die innere und äußere Festigung dieses Gleichgewichts die Entwicklung und Stärkung des Gedankens einer Beschränkung und Regelung des Krieges ansehen. Denn das Recht des Stärkeren — und etwas anderes ist das Kriegsrecht nicht — wird naturgemäß überall da weniger einseitig und schroff zum Ausdruck kommen, wo gleich starke Gegner sich gegenseitig Schranken setzen.

Wenn hier von dem Gedanken einer Beschränkung des Krieges die Rede ist, so soll keineswegs darunter die Entwicklung der Idee des allgemeinen Friedens verstanden sein. Im Gegenteil: jene Entwicklung der Beschränkung des Krieges schuf Rechtsregeln über den Krieg und kennzeichnete ihn damit als „Rechtsverhältnis" im wörtlichsten und wahrsten Sinne des Ausdrucks, während die Vorkämpfer der allgemeinen Friedensidee den Krieg als ein „Unrechtsverhältnis" angesehen wissen wollen.

Der umfassende Ausdruck „Gedanke einer Beschränkung des Krieges" ist hier gebraucht im bewußten Gegensatz zu der oft in derartigem Zusammenhang fälschlich angewandten pars pro toto, nämlich dem Ausdruck „Neutralitätsgedanke". Das völkerrechtliche Institut der Neutralität ist allerdings ein wichtiges Glied in dieser Entwicklungsreihe, aber der Gedanke einer Beschränkung des Krieges, wie er hier gemeint ist, erschöpft sich keineswegs in diesem Begriff. Man betrachte nur unter dem gegebenen Gesichtspunkt den Weg, den das Völkerrecht genommen hat, etwa von den päpstlichen Bullen und Dekreten seit dem 12. Jahrhundert[1] und den ersten Aufzeichnungen des Seerechts, den Tafeln von Amalfi und den Rooles d'Oléron und dem Consolato del mare aus dem 13. Jahrhundert — Dokumente, die man mit Recht als die ersten Kundgebungen eines gemeinsamen rechtlichen Wollens der europäischen Völker bezeichnen kann. Man überblicke ferner die Entwicklung seit dem Westfälischen Frieden und der Wiener Kongreßakte bis zu den Konventionen der zweiten Haager Konferenz von 1907 und den Beschlüssen der Londoner Seekriegsrechtskonferenz von 1908/09! Überall wird man feststellen können, daß in der Entwicklung des Gedankens einer Beschränkung des Krieges der Begriff der Neutralität sich erst sehr langsam durchgerungen hat und überhaupt, wie auch der Name, erst aus einem schon bereits sehr entwickelten Stadium des Gedankens einer Beschränkung des Krieges stammt. **Als viel ältere Glieder in dieser Entwicklungsreihe des Gedankens einer Beschränkung des Krieges sind die Erklärungen über das Asylrecht, den Gottesfrieden und die Unverletzlichkeit der Märkte anzusehen**[2]. Dieser Gedanke einer Sicherstellung einzelner Gebiete, Städte und Gegenstände vor kriegerischen Unternehmungen hat in den oben erwähnten Erlassen des Papstes, der als überstaatliche Zentralgewalt im Namen aller christlichen Völker sprach, seinen Ausdruck gefunden. Es handelt sich also dabei um Rechtssätze des Völkerrechts, die schon vor dem Neutralitätsgedanken anerkannt waren! **Wenn sich diese Rechtssätze durch gemeinsame rechtliche Merkmale unter einen von dem Institut der Neutralität verschiedenen völkerrechtlichen Begriff stellen lassen, so wird man in ihm die erste rechtliche Erscheinungsform des Gedankens einer Beschränkung des Krieges und damit die ersten Ansätze zu einem modernen Völkerrecht erblicken können.**

---

[1] Auch die kirchenrechtlichen Schriftsteller haben sich ja mit besonderem Interesse dem Kriegsrecht zugewandt.

[2] Erwähnt bei Schopfer, Le principe juridique de la neutralité, Cap. II Nr. 2/3, S. 80 ff.; v. Liszt, Völkerrecht § 3; Pradier-Fodéré § 1913.

II.

Es ist auch ganz natürlich, daß zunächst die Beschränkung des Krieges nicht gleich einen ganzen Staat ergriff, wie dies später in der Ausbildung der Neutralität und weiter im 19. Jahrhundert durch die Schaffung neutralisierter Staaten geschehen ist, sondern daß zunächst der Wirkungskreis des neuen Gedankens nur ein beschränkter war, sowohl örtlich wie zeitlich.

Fast alle Schriftsteller, die sich mit dem Wesen und der Geschichte der Neutralität befassen[1], weisen darauf hin, daß allerdings im Altertum schon verschiedene **Fälle tatsächlicher Neutralität** vorgekommen sind. Viel zitiert wird der Ausdruck Xenophons aus der Anabasis: οἱ διὰ μέσου, und bei Thukydides die Worte: ἡσυχίαν ἄγειν..., wie sie sich in der berühmten Rede des spartanischen Heerführers Archidamos an die Platäer im Jahre 429 v. Chr. bei dem großen Geschichtsschreiber des peloponnesischen Krieges, Buch 2, Kap. 71/72 finden: „ἡσυχίαν ἄγετε νεμόμενοι τὰ ὑμέτερα αὐτῶν καὶ ἔστε μηδὲ μετ' ἑτέρων, δέσχεσθε δὲ ἀμφοτέρους φίλους, ἐπὶ πολέμῳ δὲ μηδετέρους"... Hierin kann man mit Recht die erste Definition neutralen Verhaltens in der Geschichte der europäischen Völker sehen[2]. Wilhelm Neumeyer von Ramsla — der übrigens als erster das Wort „Neutralität" braucht in seinem Buche „Von der Neutralität und der Assistenz oder Unpartylichkeit im Kriege", 1620 — und die anonyme „Abhandlung von der Neutralität und Hilfeleistung im Kriege" 1785 bringen sogar Beispiele aus der Bibel für Fälle tatsächlicher Neutralität[3].

Alle Schriftsteller betonen hierbei mit Recht, daß es sich nur um ein dem Begriff der Neutralität entsprechendes tat-

---

[1] Vgl. Geffken, Neutralität, bei Holtzendorff IV, § 131; Milovanowitsch, Les traités de garantie, S. 21 ff.; Oppenheim, International law § 285 ff.; Schopfer a. a. O. Kap. 2; Nys, Le droit international III, 595 ff.; Westlake, International law III, 198 ff.; Pradier-Fodéré §§ 3222 ff.

[2] Vgl. auch Thuk. II, 9 u. VII, 58.

[3] Auch die neuerdings aufgefundenen Aufzeichnungen von Tel Amarna und die Gesetze von Manou, die sich ausführlich über das „In Ruhe bleiben" friedlicher Staaten bei Kriegen anderer Völker verbreiten, mögen hier erwähnt sein. Vgl. Sauser-Hall, Des belligérents internés chez les neutres. Genf. Diss. 1910, S. 11/12 und die dort Zitierten; vgl. auch Philippson, The international law of ancient Greece, S. 308.

1*

4 Erstes Kapitel. Die Beschränkung des Krieges und das Völkerrecht.

sächliches Verhalten handelt, daß aber Rechtssätze über Pflichten und Rechte der Neutralen erst in moderner Zeit geschaffen wurden. Meist werden die oben genannten seerechtlichen Aufzeichnungen des 13. Jahrhunderts als Anfänge eines **Neutralitätsrechtes** angesehen.

Sicher ist auch die herrschende Lehre des Völkerrechts zweifellos richtig, daß die **Grundsätze von der Neutralität und ebenso die von der Neutralisation erst in allerneuester Zeit eine gesetzliche Regelung erfahren haben und als eigentümliche Schöpfung des modernsten Völkerrechts anzusehen sind.**

III.

Als eine Lücke aber in diesem System der historischen Betrachtung empfindet man, daß nirgends, soweit ersichtlich, der Hinweis und Nachweis gebracht wird, daß im Gegensatz zu den erst in neuester Zeit rechtlich festgelegten Neutralitäts- und Neutralisationsgrundsätzen **eine rechtliche Festlegung des Gedankens der Sicherstellung von einzelnen Gebieten, Städten und Märkten schon sehr früh erfolgt ist,** und zwar nicht nur durch Staatsverträge, die nur zwei Staaten für längere oder kürzere Zeit banden, sondern auch durch Anerkennung überstaatlicher Grundsätze, die alle Staaten derselben kulturellen oder wirtschaftlichen Gemeinschaft[1] anerkannten und schützten.

Aus der **griechischen Geschichte** sind folgende Beispiele gegeben:

1. **Die Unverletzlichkeit der Stadt Delphi:**

Während sonst nur die Tempel als Heiligtümer für sakrosankt galten, ist hier auch ein ganzes Gebiet für unverletzlich erklärt und dieser Grundsatz unter die Garantie des gesamten griechischen Staatenbundes gestellt. Diodor beginnt im 16. Buche seiner Bibliotheca historica im Kap. 23 mit der Erzählung des „Heiligen Krieges" aus dem Jahre 356 v. Chr. Dort heißt es in § 3: „Die Phokäer jedoch, die einen großen Teil des Heiligen

---

[1] Gemeint ist hier einmal die **Staatengemeinschaft, welche durch die hellenistische Kultur in ihrer Blütezeit (600 bis 300 v. Chr.) zusammengehalten wurde,** und zweitens die **christliche Staatengemeinschaft des Mittelalters.**

Landes besetzt hatten, wurden im Amphiktyonenbund zu vielen Talenten verurteilt." Da die Phokäer nicht bezahlten, stellten die ἱερομνήμονες, eine Körperschaft, die, von den griechischen Staaten gewählt, als Vertreter des Heiligen Landes auftraten, weitere Anträge auf Bestrafung der Phokäer wegen Verstoßes gegen die Unverletzlichkeit des Heiligen Landes [1].

Wenn hierin vielleicht auch nur die Ausdehnung des Prinzips der Unverletzlichkeit der Tempel erblickt werden kann [2], so ist doch sicher, daß es sich dabei um eine **weit über das gewöhnliche Maß hinausgehende Einschränkung des Kriegsgebrauchs handelt, die zum überstaatlichen Grundsatz erhoben und unter die Garantie einer Staatengemeinschaft gestellt wurde** [3].

2. **Auch einzelne Wasserstrecken** werden schon durch vertragliche Abmachungen den Feindseligkeiten entzogen:

a) Der Vertrag zwischen Sparta und Athen aus dem Jahre 423 [4], der den lakedämonischen Kriegsschiffen, nicht aber den Handelsschiffen die Einfahrt in den Äginetischen Meerbusen verbot: „... Λακεδαιμονίους καὶ τοὺς συμμάχους πλεῖν μὴ μακρᾷ νηΐ, ἄλλῳ δὲ κωπήρει πλοίῳ, ἐς πεντεκόσια τάλαντα ἄγοντι μέτρα" ... [5]

b) Der Handels- und Friedensvertrag zwischen Karthago und Rom, nach Mommsen im Jahre 406 v. Chr., mitgeteilt durch Polybius „Historiae": „... ἐπὶ τοῖς δε φιλίαν εἶναι Ῥωμαίοις καὶ τοῖς Ῥωμαίων συμμάχοις καὶ Καρχηδονίοις καὶ τοῖς Καρχηδονίων συμμάχοις.

I. μὴ πλεῖν Ῥωμαίους καὶ τοὺς Ῥωμαίων συμμάχους ἐπέκεινα τοῦ καλοῦ ἀκρωτηρίου, ἐὰν μὴ ὑπὸ χειμῶνος ἢ πολεμίων

---

[1] Freundliche Mitteilung des Herrn Oberlehrer Dr. Schwertfeger. Die Vertreter des Amphiktyonenbundes selbst waren sakrosankt. Vgl. über die Organisation des Bundes Philippson, Bd. II, S. 5 ff.

[2] So Schopfer a. a. O. S. 76/77, ohne Angabe der Quellen.

[3] Ebenso Philippson a. a. O. II, 303. Dort wird als weiteres Beispiel für die Sicherstellung einer Stadt vor Feindseligkeiten, die nicht auf Sakralrecht beruht, der Bericht Strabos im Buch IX, 2, 36 über die Stadt Alalkomene angeführt: „... ἀπόρθητος ἀεὶ διετέλεσεν ἡ πόλις, οὔτε μεγάλη οὖσα, οὔτε ἐν εὐερκεῖ χωρίῳ κειμένη ἀλλ' ἐν πεδίῳ" ...

[4] Nach Thuk. IV, 118 mitgeteilt bei Strupp, Urkunden zur Geschichte des Völkerrechts I, 2.

[5] Dieser Vertrag ist übrigens auch noch in mancher anderen Hinsicht interessant; besonders erwähnenswert erscheint das Vorkommen der Schiedsgerichtsklausel: „... δίκας δὲ διδόναι ὑμᾶς τε ἡμῖν καὶ ἡμᾶς τε ὑμῖν κατὰ τὰ πάρια, τὰ ἀμφίλογα δίκῃ διαλύοντας ἄνευ πολέμου" ...

ἀναγκασθῶσιν. ἐάν δέ τις βίᾳ κατενεχθῇ μὴ ἐξέστω αὐτῷ μηδὲν ἀγοράζειν μηδέ λαμβάνειν, πλὴν ὅσα πρὸς πλοίου ἐπισκευὴν ἢ πρὸς ἱερά. ἐν πέντε δὲ ἡμέραις ἀποτρεχέτω" ...

3. Derselbe Friedensvertrag bringt auch eine **Beschränkung der militärischen Operationsbasis**:

II. „... ἐὰν 'Ρωμαίων τις εἰς Σικιλίαν παραγίγνεται, ἧς Καρχηδόνιοι ἐπάρχουσιν, ἴσα ἔστω τὰ 'Ρωμαίων πάντα ...

III. Καρχηδόνιοι δὲ μὴ ἀδικείτωσαν δῆμον Ἀρδεατῶν ... μηδ' ἄλλον μηδένα Λατίνων, ὅσοι ἂν ὑπήκοοι ... φρούριον μὴ ἐνοικοδομείτωσαν ἐν τῇ Λατίνῃ. ἐὰν ὡς πολέμιοι εἰς τὴν χώραν εἰς ἔλθωσι, ἐν τῇ χώρᾳ μὴ ἐννικτερευέτωσαν" ...

Ein Vergleich mit den unter 2. zitierten Abmachungen und den Pontusverträgen des 9. Jahrhunderts n. Chr. und dem vorübergehenden Verbot der montenegrinischen Gewässer für Kriegsschiffe laut Art. 29, VI des Berliner Vertrages vom 13. Juli 1878 liegt ebenso nahe, wie eine Parallele mit der heutigen Lehre von der Seenot (relâche forcée).

Ebenso drängt sich ein Vergleich zwischen den unter 3. zitierten Abmachungen und dem Vertrag vom 26. Juni 1816 zwischen Preußen und Belgien um so mehr auf, als auch hier drei Zonen geschaffen wurden, deren mittlere dann das heutige Moresnet ausmacht und dessen Zustand durch Art. 17 in militärischer Beziehung durchaus den Charakter der „latinischen Zone" in dem angeführten Karthagisch-Römischen Vertrage hat. Das „φρούριον μὴ ἐνοικοδομεῖν", das verdeutscht etwa hieße: „Es dürfen keine militärisch gesicherten Stützpunkte errichtet werden", ist in den modernen völkerrechtlichen Verträgen gerade das Charakteristikum für die Fälle, wo einzelne Gebiete und Punkte vor Feindseligkeiten sichergestellt werden sollen. Diese zeitweilige Sicherstellung einzelner Gebiete und Städte vor Feindseligkeiten entspringt nun nicht, wie es im modernen Recht bei Neutralität und Neutralisation der Fall ist, dem politischen Lebensbedürfnis eines oder mehrerer **Staaten als Ganzen im Verhältnis zur Gesamtheit**, sondern vielmehr wirtschaftlichen und religiösen Bedürfnissen einzelner oder aller Staaten als Glieder einer kulturellen und wirtschaftlichen Gemeinschaft. Diese Bestimmungen regeln nicht das Verhalten eines feindlichen Staatsorganismus als Ganzen gegenüber den Kriegführenden, sondern enthalten engbegrenzte, aber dauernde

Beschränkungen einiger oder aller Staaten derselben Gemeinschaft ohne Rücksicht auf ihre Teilnahme an einem Kriege. Der praktische Erfolg oder wenigstens der Zweck beider Institute, sowohl der Neutralität wie jener Sicherstellung einzelner Gebiete, ist derselbe, nämlich eine Beschränkung des Krieges; aber die Grundlagen, auf denen diese völkerrechtlichen Erscheinungen sich aufbauen, sind ganz verschieden.

Daß auch im Mittelalter der christlichen Staatenentwicklung der Gedanke einer Sicherstellung einzelner Gebiete und Punkte vor kriegerischen Angriffen auftaucht, darauf ist bereits hingewiesen. Der Marktfriede, den zahlreiche Städte damals für die Dauer des Handelsverkehrs genossen, wurde von allen Staaten anerkannt und geschützt. Die Dekrete des Papstes gaben diesem Grundsatz beredten Ausdruck. In dieselbe Reihe gehören die „perérages", die Spanien und Frankreich über die Unverletzlichkeit bestimmter Straßen und Plätze in den Pyrenäen seit Ludwig XI. abgeschlossen haben[1]. Weitere wertvolle Belege für die aufgestellte Ansicht, daß der Gedanke einer freiwilligen vertragsmäßigen Beschränkung der kriegerischen Aktion schon vor dem Gedanken eines Neutralitätsrechts mehrfach in Rechtssätzen zum Ausdruck gekommen ist, sind zahlreiche derartige Verträge aus dem 14. Jahrhundert: z. B. der Vertrag aus dem Jahre 1390 zwischen Zürich und den österreichischen Herzögen Friedrich und Leopold anläßlich der Belagerung von Schnabelburg. Im Tal der Limat und der Sihl am Züricher See von Diätikon bis Wandenschweil durften keine kriegerischen Operationen vorgenommen werden. Zürich selbst erhielt das Recht, die Unverletzlichkeit dieses Bezirks durch militärische Besetzung zu schützen. Die Ähnlichkeit mit dem heutigen völkerrechtlichen Zustand von Chablais springt in die Augen.

IV.

Der eben erwähnte Vertrag fällt in dieselbe Zeit, in der z. B. Bern mit Leopold III. im Jahre 1392 und Zürich im Jahre 1389 und 1393 mit Leopold IV. Verträge eingingen, in denen sie sich zu gegenseitigem „Stillsitzen" oder „unpartyschem Verhalten" verpflichten[2], also zu einem Verhalten, in dem man mit

---

[1] Erwähnt bei Schopfer a. a. O. S. 289, Anm. 1.
[2] Diese Verträge sind bei Schopfer a. a. O. S. 91 ff. erwähnt.

vollem Recht die Vorläufer des Neutralitätsgedankens erblickt hat, und zu einer Zeit, wo Rechte Neutraler bereits in den Seerechtsbüchern anerkannt waren. Während aber das „Stillesitzen", d. h. der Neutralitätsgedanke, erst jetzt in Verträgen rechtlich in Erscheinung tritt, konnte eben die rechtliche Anerkennung des Gedankens der Sicherstellung einzelner Gebietsteile und Städte u. dgl. schon viel früher festgestellt werden. **Von nun an werden sich diese beiden rechtlichen Institute als nebeneinanderstehend verfolgen lassen.**

So nahm die Schweiz im 16. Jahrhundert, nämlich im Jahre **1511, einzelne Gebiete fremder Staaten mit in den Schutz ihrer Neutralität auf,** so daß sich hier wieder die Rechtsfigur zeigt, daß einzelne Gebiete eines im übrigen den feindlichen Angriffen preisgegebenen Staates vor Feindseligkeiten gesichert waren. Es handelte sich damals um die Franche-Comté. Schopfer, bei dem sich diese „Erbeinung" (auf S. 125 a. a. O.) erwähnt findet, verweist selbst auf das heutige Chablais und Faucigny. Dieselbe Erscheinung finden wir in dem **Dreißigjährigen Kriege,** wo die österreichischen Städte an der weiteren Rheingrenze von Ulm über Konstanz und Basel bis Freiburg i. Br. in den Schutz der schweizerischen Neutralität gestellt werden. Der Ausdruck, der damals für diese Maßnahmen gewählt wurde, war „Sicherheit", **und dieses Wort wird in direktem Gegensatz zu den Ausdrücken „Unpartyschung" und „Stillesitzen" gebraucht,** welche letzteren das Wesen der Neutralität in damaliger Zeit bezeichnen. Die Benennung dieser Sicherstellung von Gebietsteilen des kriegführenden Österreich vor Feindseligkeiten mit dem Worte „Stillesitzen" oder „Neutralität" wäre auch durchaus verkehrt gewesen. Die Kritik des französischen Gesandten Gravel, wie sie Schopfer (a. a. O. S. 127, Anm. 1) nach Schweizer („Geschichte der schweizerischen Neutralität" I, 7) wiedergibt, ist also durchaus unberechtigt. Es heißt dort:

„S. M. trouve estrange que vous vous déclariez toujours si positivement pour le mot de ‚sureté', pendant que j'ai donné à la raison et à l'usage qui est pratiqué de tous temps, que l'on employast le mot de neutralité."

Die französischen diplomatischen Schriftstücke gebrauchten übrigens damals (wie ebenfalls Schweizer a. a. O. berichtet) später im allgemeinen für diese Sicherstellung der Grenzgebiete den Ausdruck „inaction". Man machte also im allgemeinen ebenfalls einen Unterschied zwischen „neutralité" und „inaction". Dieselben Maßnahmen wurden von der Schweiz auch im Siebenjährigen Kriege für das seit dem Utrechter Frieden als preußisches Gebiet anerkannte Neuchâtel getroffen.

Also „Stillesitzen" und „Sicherheit" ist etwas verschiedenes, nicht nur quantitativ, sondern auch qualitativ. Die Sicherstellung einzelner Gebiete eines im übrigen den feindlichen Angriffen offenen Staatsgebietes wird unterschieden von dem Abseitsstehen eines ganzen Staates von den kriegerischen Verwicklungen der anderen.

Diese Gegenüberstellung zeigt, daß es sich hier um die Parallelentwicklung zweier verschiedener juristischer Ausdrucksformen desselben politischen Gedankens handelt: Beide Arten haben als politischen Endzweck die Beschränkung des Krieges, aber die Mittel, durch die dieser Gedanke gefördert wird, und die Objekte dieser Willensäußerungen sind verschieden.

Diese Unterscheidung der Praxis findet auch seine gute Begründung in der wissenschaftlichen Literatur jener Zeit. Denn alle Schriftsteller behandeln damals in ihren Umschreibungen des Wortes „Neutralität" stets nur das Verhältnis eines nicht kriegführenden Staates als ganzen gegenüber den „Kriegführenden". Die Bezeichnungen „de his qui bello medii sunt" (Grotius III, 17), „non hostes appello qui neutrarum partium sunt" (Bynkershoek, Quaestionum iuris publici I, 4) oder die Überschrift des Kapitels über die „Neutralität" bei demselben Schriftsteller „de belli statu inter non hostes" geben keinen Sinn, wenn man sie auf die Sicherstellung einzelner Gebietsteile oder Städte und Märkte beziehen wollte. Diese Erscheinungsform des Gedankens einer Beschränkung des Krieges ist eben etwas von der Neutralität verschiedenes.

Der Gedanke der Sicherstellung einzelner Gebietsteile und Städte ist, wie die geschichtliche Entwicklung gezeigt hat, der ältere von beiden. Von nun an aber, wo auch der Begriff der Neutralität sich als Rechtsgrundsatz entwickelt, kann man ein Nebeneinanderhergehen dieser beiden rechtlichen Institute beobachten. Es sei nur noch an die Sicherstellung der Verhandlungsstädte des Westfälischen Friedens vor Feindseligkeiten erinnert. Diese Erklärung der Unverletzlichkeit von Münster und Osnabrück während der Friedensverhandlungen von 1644—48 kann als weiterer Beweis dafür dienen, daß in dem Zeitpunkt, von dem man wohl mit Recht die Periode des modernen Völkerrechts beginnen läßt, diese zwei Formen der Beschränkung des Krieges nebeneinander bestanden, während die Schaffung der dritten, der Neutralisation, dem 19. Jahrhundert vorbehalten blieb.

Es handelt sich in der Tat um die Parallelentwicklung zweier getrennter, verschiedener Erscheinungsformen des Gedankens einer Beschränkung des Krieges; Sicherstellung einzelner Gebiete vor Feindseligkeiten einerseits und Neutralität, d. h. Unparteilichkeit eines ganzen Staates gegenüber den Kriegführenden andererseits.

V.

Mit diesem geschichtlichen Hinweis auf die Fälle, in denen einzelne Gebiete und Städte vor Feindseligkeiten vertraglich sichergestellt worden sind, soll natürlich keineswegs gesagt sein, daß es sich bereits um ein feststehendes völkerrechtliches Institut der vorchristlichen oder mittelalterlich-christlichen Periode gehandelt hat. Es soll vielmehr nur darauf hingewiesen werden, daß die Sicherstellung einzelner Gebiete, Städte und Baulichkeiten vor feindlichen Angriffen mit der Neutralität und Neutralisation nur den Gedanken der Beschränkung des Krieges, d. h. das Ziel gemeinsam haben, daß aber diese völkerrechtlichen Erscheinungen in getrennter zeitlicher Entwicklung ganz verschiedene Entstehungsgründe und rechtliche Grundlagen haben.

VI.

Mit diesem geschichtlichen Rückblick soll hingeleitet werden auf die eigentliche Aufgabe dieser Arbeit, in der ein Versuch gemacht werden soll, die Rechtssätze des modernen positiven Völkerrechts, die eine Sicherstellung von Staaten, Gebietsteilen, Personen und Gegenständen vor Feindseligkeiten außerhalb des Rechts der Neutralität und Neutralisation zum Gegenstand haben, in ihren gemeinsamen Zügen zusammenzufassen und ihre Stellung im System der völkerrechtlichen Institute festzulegen.

Dieser Versuch kann von vornherein schon deshalb nicht aussichtslos sein, weil schon die meisten Schriftsteller, die solche Fälle der Sicherstellung von Personen usw. gelegentlich der Behandlung der Neutralitätslehre erwähnen, darauf hinweisen, daß der Ausdruck „Neutralisation" oder „Neutralität" eigentlich nicht ganz passe[1]. Sehr viele begnügen sich jedoch mit dieser Feststellung, während einige für die einzelnen von ihnen aufgeführten Fälle ein besonderes Wort prägen.

Als erster hat wohl Rivier bei Besprechung des Clayton-Bulwer und des Suezkanals-Vertrags die juristische Lage dieser Kanäle hinsichtlich ihrer Sicherstellung vor Feindseligkeiten und des Verbots von Befestigungen als „Befriedung" bezeichnet[2]. Nach ihm hat dann vor allen v. Liszt[3] für eine größere Anzahl von verwandten Fällen auch das Wort „Befriedung" angewandt, während einige französische Schriftsteller[4] gelegentlich derartiger Fälle das reichlich farblose Wort „Unverletzlichkeit" (Inviolabilité oder immunité) gebraucht haben. Nirgends aber ist der Versuch einer Systematisierung dieser Gruppe von gleichartigen Fällen und eine Abgrenzung des Begriffs der „Befriedung" von denen der „Neutralität" und „Neutralisation" gemacht worden; **während doch in dem Ausdruck „Befriedung" ein Wort gefunden ist, das dem Wesen dieser genannten besonderen Fälle durchaus gerecht wird.** Nur Detreux hat neuerdings in seinem interessanten Aufsatz über den Suezkanal in paralleler Gedankenentwicklung auf die hier erwähnten systematischen Unterschiede aufmerksam gemacht[5].

---

[1] Z. B. Pradier § 2854 und 3106; Idmann, Der Panamakanal S. 117; Abribat, Le détroit de Magellan S. 222/23 und 300; Moore, A digest of international law S. 267; Bonfils Manuel du droit international S. 501 und 510, u. a. m. [2] Rivier, Völkerrecht 1889, S. 154.

[3] v. Liszt, Völkerrecht 1913, S. 287 u. 315.

[4] So besonders Pradier, Bd. VIII, 898 und § 2854; Despagnet, Cours de droit international 1910, § 685. Auch Twiss in seinem Bericht über den Suezkanal an das Institut de droit international, Jahrg. 1879/80, Bd. I, 111 ff. u. a. m., besonders bei der Besprechung des Ausdrucks „Neutralité" der Genfer Konvention von 1864.

[5] Detreux, Der Suezkanal, Abhandlungen a. d. Staats-Verw. und Völkerrecht, Bd. 13, S. 90 ff.

Man kann wohl zwei Gründe anführen, welche das Vorhandensein dieser kleinen Lücke im System der heutigen völkerrechtlichen Lehre erklären können:

Der eine Grund ist der, daß, wie Hagerup treffend sagt[1], bei der Lehre von der Neutralität, „la théorie du droit international public confond aussi très souvent le point de vue juridique et le point de vue politique." Die Richtigkeit dieses Satzes ergibt sich, wenn man bemerkt, wie gerade die Gleichsetzung und Verwirrung der Begriffe „Neutralität" und „Neutralisation" und „Befriedung" davon herrührt, daß man aus dem gleichen praktischen Ziel dieser drei völkerrechtlichen Institute, die alle dem gleichen politischen Zweck, nämlich dem Gedanken der Einschränkung des Krieges dienen, auch schloß auf gleichartige rechtliche Grundlagen und gleichen Rechtscharakter dieser Begriffe.

Der andere Grund aber ist der: Unfortunately the word „neutralisation" and kindred terms have occasionally been used in a loose and inaccurate sense in treaties and other international documents", sagt Lawrence[1] und fügt hinzu, daß mancher internationelle Disput hätte vermieden werden können, wenn die Worte „Neutralität" und „Neutralisation" in dem Sinne gebraucht worden wären, den sie wirklich haben.

Wenn daher jetzt der Versuch gemacht werden soll, die verschiedenen Fälle der Sicherstellung von Personen, Gegenständen usw. vor kriegerischen Verwicklungen systematisch zusammenzufassen und abzugrenzen von den Instituten der Neutralität und Neutralisation, um so Beiträge zum Begriff der völkerrechtlichen Befriedung liefern zu können, so wird es zunächst die Aufgabe sein, den Rechtscharakter von Neutralität und Neutralisation und ihre Unterschiede festzustellen. Dann wird man dazu übergehen können, eine Zusammenstellung der positiven völkerrechtlichen Bestimmungen über die Sicherstellung von Personen usw. vor feindlicher Behandlung, nach gleichartigen Gruppen geordnet, möglichst erschöpfend zu gestalten, um aus den diesen Bestimmungen gemeinsamen Merkmalen den Rechtscharakter des Begriffs der völkerrechtlichen Befriedung darlegen zu können.

---

[1] Hagerup, La neutralité permanente R.-G. 1905, S. 57 ff.
[2] Lawrence, The principles of international law, 1910, § 224.

Zweites Kapitel.
Die Neutralität.

I.

Wenn man den Rechtscharakter des Begriffes „Neutralität" erkennen will, so muß man sich zunächst darüber klar sein, aus welcher rechtlichen Quelle das Recht der Neutralität entspringt. Dabei muß vor allem darauf hingewiesen werden, daß das Rechtsverhältnis der Neutralität entsteht **durch Ausübung eines Souveränitätsrechtes des Staates**, d. h. durch Ausübung der höchsten Staatsgewalt[1], **in der Richtung seines Selbstbestimmungsrechts über Kriegs- und Friedenszustand des Staates**. Die Entscheidung dieses freien Selbstbestimmungsrechts in der Richtung der Aufrechterhaltung des Friedenszustandes für sich selbst, während andere Krieg führen, ist die Grundlage des Rechtsverhältnisses der Neutralität.

Aus diesem Grundsatze ergeben sich zwei wesentliche Merkmale der Neutralität und ihre Abgrenzung von anderen Rechtserscheinungen.

II.

Die erste Erwägung ist diese: der neutrale Staat hat jederzeit die Freiheit, aus seinem Zustand der Unparteilichkeit herauszutreten, denn seine Neutralität beruht gerade auf der Ausübung seines souveränen Selbstbestimmungsrechts über Krieg und Frieden, und das Recht zur Verteidigung und zum Kriege ist ihm geblieben. Dadurch aber, daß er den Frieden gewählt und damit Unparteilichkeit sich zur Pflicht gemacht hat, tritt zu dem Recht auch die Pflicht zur Verteidigung seines

---

[1] Vgl. über den Gegensatz von Souveränität und Staatsgewalt Hubrich, Preuß. Staatsrecht, 1909, § 5, S. 110.

neutralen Zustandes. Wo aber die Möglichkeit einer Verteidigung durch positive Vorschriften oder tatsächliche Verhältnisse genommen ist, d. h. **wo begrifflich jedes Kriegsrecht ausgeschlossen ist**, kann von Neutralität nicht die Rede sein, denn wo die Möglichkeit fehlt, gibt es auch kein Recht und keine Pflicht zur Kriegführung. Denn es ist widersinnig zu sagen, ein Staat erkläre sich für neutral, der gerade auf die Ausdrucksform des souveränen Rechts, welches die Grundlage des Neutralitätsbegriffs ist, nämlich das freie Selbstbestimmungsrecht über Krieg und Frieden, verzichtet hat. Aus dieser Grundlage des Neutralitätsbegriffs ergibt sich also als erste Folgerung: **Neutralität ohne Recht zur Verteidigung gibt es nicht.**

Deshalb müssen alle diejenigen Fälle, in denen der Gedanke einer **Beschränkung des Krieges durch Sicherstellung vor Feindseligkeiten und begrifflich oder ausdrücklich festgesetztes Verbot der Verteidigung verwirklicht ist, als eine besondere Erscheinungsform von dem Begriff der Neutralität getrennt werden.** Diese Fälle sollen unter den später noch zu entwickelnden Begriff der Befriedung zusammengefaßt werden.

III.

Als zweite Folgerung aus dem Grundsatz, daß die Grundlage zur Entstehung des Neutralitätsverhältnisses durch die Ausübung eines Souveränitätsrechts geschaffen wird, ergibt sich weiterhin mit Notwendigkeit, daß der Träger der aus der Neutralität entspringenden Rechte und Pflichten nur ein Staat sein kann. Mit anderen Worten, **das Neutralitätsverhältnis ist eine Rechtsbeziehung von Staat zu Staat.** Pradier stellt diesen Gedanken mit Recht in den Vordergrund seiner Untersuchung über den Rechtscharakter der Neutralität mit den Worten: „Quels sont les sujets de la neutralité? Ce sont les Etats!"

Prüft man die Definitionen, welche die Wissenschaft von Grotius bis heute für den Begriff der Neutralität gegeben hat[1],

---

[1] Vgl. zahlreiche Definitionen, zusammengestellt bei Pradier § 3224; bei Knapp, The neutralization of the Panama-Canal, 1910, A.-J., Bd. IV, 358; bei Schopfer a. a. O. S. 290 ff.; Calvo § 1003.

so wird man stets finden, daß nur die Staaten als Subjekte und Objekte des Neutralitätsverhältnisses genannt werden. So zweifellos richtig dies nun ist, so inkonsequent ist es, auch dann von Neutralität zu reden, wenn Sachen oder Personen, die mit einer Beziehung von Staat zu Staat nicht das geringste gemein haben, vor Feindseligkeiten sichergestellt werden. Diese Form der Beschränkung des Krieges hat also einen ganz anderen Rechtscharakter wie die Neutralität. Die Ursache dieser falschen Anwendung des Wortes Neutralität ist hier, wie so oft, die Verwechslung des politischen Endzieles, nämlich der Absicht einer Beschränkung der Feindseligkeiten, die in beiden Fällen vorliegt, mit der juristischen Erscheinungsform dieses Gedankens. Auf diese Feststellung, die von großem Wert für die Abgrenzung des Begriffs der Neutralität von dem der Befriedung ist, wird später noch genauer zurückzukommen sein.

IV.

Das Rechtsverhältnis der Neutralität ist also eine Beziehung von Staat zu Staat. Wenn nun die Grundlage dieses Verhältnisses dadurch geschaffen wird, daß der eine Staat in Ausübung eines Souveränitätsrechts für sich im Friedenszustand verharrt, so ist damit aber keineswegs gesagt, daß das Rechtsverhältnis der Neutralität gleichbedeutend sei mit der Aufrechterhaltung der Friedensbeziehungen mit dem anderen Staat[1]. Diese Definition ist politisch, nicht juristisch gedacht. Das Rechtsverhältnis der Neutralität setzt sich zusammen aus der Summe der Rechtsbeziehungen, die sich daraus ergeben, daß ein Staat für sich selber in Frieden bleibt, während andere sich im Kriegszustand befinden; daraus entstehen Rechtsbeziehungen unter den Staaten, die durchaus verschieden sind von denen eines Friedensverhältnisses zwischen ihnen. Das Wesentliche gerade für die Pflichten des neutral bleibenden Staates in seinen rechtlichen Beziehungen zu den kriegführenden Parteien ist, daß er diese nicht so behandeln darf, als ob ein Friedensverhältnis zu ihnen besteht. Denn es ist doch ganz

---
[1] Sp. Pradier a. a. O. § 3224 und Schopfer S. 292; bedenklich auch Lawrence § 222, der von „Pacific intercourse" spricht, u. a. m.

sicher, daß in Friedenszeiten, um nur ein Beispiel zu nennen, die Zuführung von Kriegskonterbande durchaus erlaubt ist, als Ausfluß der freien Handelsbeziehungen der Staaten zueinander. Dieses wesentliche Moment des Friedensverhältnisses zweier Staaten zueinander fällt aber bei dem Neutralitätsverhältnis gerade fort. **Das Neutralitätsverhältnis ist durchaus sui generis und keineswegs ein Aufrechterhalten des Friedensverhältnisses zwischen den kriegführenden und friedlichen Staaten.** Mit Recht sagt v. Liszt (§ 42, I): „Der Krieg erzeugt nicht nur ein Rechtsverhältnis zwischen den Kriegführenden, sondern auch ein solches zwischen den kriegführenden und den nicht am Kriege beteiligten Mächten.

Dieses Rechtsverhältnis, das eine wesentliche Verschiebung des Friedensverhältnisses darstellt, wird Neutralität genannt." Das Wesentliche des Neutralitätsverhältnisses ist gerade seine **Doppelnatur: hier Friedenszustand, dort Kriegszustand von Staaten.**

V.

Aus diesen Ausführungen ergeben sich aber wiederum wichtige Folgerungen für die Natur der Neutralität und die Begrenzung der Anwendung dieses Wortes:

Wenn man nämlich von Neutralität nur reden darf, falls es sich handelt um die Rechtsbeziehungen von Staaten, deren einer Teil Krieg führt, während der andere sich aller Feindseligkeiten enthält, so ist es falsch, bei **Verträgen der Kriegführenden untereinander,** welche ebenfalls vom Gedanken einer Beschränkung des Krieges geleitet, sich dahin einigen, gewisse Gebiete vom Kriegsschauplatz auszuschließen, von einer Neutralität dieser Land- und Wasserstrecken zu sprechen. Bei derartigen Verträgen handelt es sich um eine **Modifikation des Kriegsrechtsverhältnisses** der kriegführenden Staaten untereinander, das grundverschieden ist von dem Neutralitätsverhältnis zwischen den kriegführenden und unbeteiligten Staaten.

Solche Verträge sind vielfach geschlossen worden. Aus neuerer Zeit sei erinnert an die Beschränkung des Kriegsschauplatzes in Italien im Kriege von 1859, wodurch Ancona und ein Teil des päpstlichen Gebietes von Feindseligkeiten vertraglich ausgeschlossen blieb[1]. Auch sind Badeorte vielfach vom Kriegsschauplatz ausgeschlossen worden[2]. In diesem Zusammenhang seien der Artikel 25 des zweiten Haager Abkommens und der sechste Wunsch der ersten Haager Friedenskonferenz erwähnt, welche das Verbot des Bombardements von unverteidigten Städten und Häfen zum Grundsatz erheben. Interessante Beispiele liefert der Krieg 1870/71.

Zunächst sei erwähnt der von der amerikanischen Seite angeregte Versuch, das chinesische Meer vom Kriegsschauplatz auszuschließen. Vor Nagasaki lagen der deutsche Kreuzer „Hertha" und das französische Kriegsschiff „Dupleix". Die beiden Kommandanten wandten sich in Übereinstimmung an ihre Regierungen mit der Anfrage, ob das chinesische Meer von Feindseligkeiten ausgeschlossen werden könne. Ein Antrag, der durch die amerikanische Regierung mit der Begründung unterstützt wurde, daß Europa im Osten gemeinsame kulturelle und wirtschaftliche Aufgaben zu vertreten habe. Deutschland stimmte durch das Telegramm vom 20. September 1870 zu, Frankreich aber lehnte ab, in der Hoffnung, dank seiner maritimen Übermacht im Osten dem deutschen Handel in den chinesischen Gewässern Abbruch tun zu können.

Das zweite Beispiel dieses Krieges ist der Waffenstillstand vom 28. Januar 1871. Hier wurde ausgemacht, daß die Feindseligkeiten in ganz Frankreich ruhen, im französischen Jura, in der Côte d'Or und um Belfort fortgesetzt werden sollten. Diese Abmachung ist nur quantitativ, nicht qualitativ verschieden von den oben erwähnten Verträgen über die Beschränkung des Kriegsschauplatzes und zeigt um so deutlicher, wie unrichtig es ist, bei derartigen Verträgen von einer „neutralité conventionelle accidentelle" oder „locale" dieser Gebietsteile zu sprechen[3]. Es scheint daher angebracht, zur Abgrenzung dieser Gruppe von rechtlichen Erscheinungsformen des Gedankens einer Begrenzung des Krieges von dem Institut der Neutralität, diese

---

[1] Vgl. auch den von Despagnet a. a. O. § 685 erwähnten englisch-französischen Vertrag.
[2] Vgl. v. Liszt § 40, I.
[3] So z. B. Pradier § 3227; richtig dagegen Despagnet § 685, Nr. 4.

zusammenzufassen unter dem Begriff der „Begrenzung des Kriegsschauplatzes": die durch solche Verträge vor Feindseligkeiten geschützten Strecken sind also nicht neutrales Gebiet.

Ein praktisches Beispiel mag die Richtigkeit dieser Behauptung stützen. Wäre nämlich das vom Kriegsschauplatz durch Vertrag der Kriegführenden ausgeschlossene Gebiet wirklich „neutral", so dürften in ihm keine Aushebungen für eine der beiden Kriegsparteien gemacht werden oder aus ihm diesen keine Kriegsmaterialien zugeführt werden. Für den Fall aber, daß jene Strecken zum Staatsgebiet der Kriegführenden gehören, wie es nach den angeführten Beispielen sehr wohl vorkommen kann, wäre dies Verbot unhaltbar.

Unter den eben entwickelten Begriff der „Begrenzung des Kriegsschauplatzes" fällt aber auch eine Gruppe von Verträgen, welche von den Kriegführenden mit den unbeteiligten Staaten abgeschlossen werden können und ebenfalls die Sicherstellung von Gebietsteilen für die Dauer des Krieges zum Ziele haben. Voraussetzung ist nur, daß durch diese Verträge lediglich die Feindseligkeiten aus bestimmten Gebieten ausgeschlossen werden. Es handelt sich dabei also nicht um eine Beziehung des unparteiischen Staates zu den kriegführenden in seiner Eigenschaft als unparteiischer Staat, sondern um seine Teilnahme an Abmachungen, die lediglich das Kriegsrecht, nicht das Neutralitätsrecht betreffen; denn die Neutralität schließt zwar den Ausschluß der Feindseligkeiten ohne weiteres in sich, aber sie erschöpft sich keineswegs darin. Man denke nur an das Verbot für den neutralen Staat, den Kriegführenden „friedliche Unterstützung" durch Kriegsmaterialsendung, durch Durchmarscherlaubnis usw. angedeihen zu lassen. Für diese Fälle also, wo lediglich die Feindseligkeiten ausgeschlossen sind, kann nicht der Ausdruck „Neutralität", sondern soll der Ausdruck „Beschränkung des Kriegsschauplatzes" gebraucht werden, selbst wenn es sich um Verträge zwischen unparteiischen und kriegführenden Staaten handelt.

Als erstes Beispiel derartiger Verträge im modernen Völkerrecht[1] seien die Verträge der ersten „bewaffneten Neutralität" aus den Jahren 1780/81 genannt.

Die Ostsee ist im Gegensatz etwa zum Aralsee weder ein Binnenmeer (mer intérieure), d. h. ein See ohne schiffbaren Ausfluss zum Meere, dessen Ufer sämtlich einem Staate gehören und der daher unter dessen Souveränität steht, noch ein geschlossenes Meer (mer fermée), d. h. ein Gewässer, das sich vom Binnenmeer nur dadurch unterscheidet, daß es eine schiffbare Verbindung mit dem freien Meer hat. Auch die rechtliche Lage des geschlossenen Meeres ist ganz die des Binnensees, es sei denn, daß internationale Ströme in es einmünden; dann verliert es seinen geschlossenen Charakter und wird zu einem freien Teil des Meeres[2]. Demnach ist die Ostsee ihrer geographischen Lage nach als ein Teil des freien Meeres zu betrachten und der Sund als Meerenge, die zwei freie Meere verbindet, als freie Wasserstraße zu behandeln[3]. Auf die verschiedenen völkerrechtlichen Fragen, die sich an den Sund schließen, kann hier nicht eingegangen werden[4].

Die völkerrechtliche Lage der Ostsee als eines freien Meeres muß man sich vor Augen halten, wenn man von dem Versuch der Nordmächte, die sich als „bewaffnete Neutralität" zusammengeschlossen hatten, spricht, aus der Ostsee ein geschlossenes Meer zu machen.

Im Kriege zwischen Frankreich und England wollten die Nordmächte Feindseligkeiten in der Ostsee verhindern, um ihren Handel ungestört treiben zu können. Es handelt sich also in den Verträgen, die nun geschlossen wurden, um die Sicher-

---

[1] Im Altertum vgl. den erwähnten spartanisch-athenischen Vertrag von 422, und im Mittelalter die Verträge über die „Sicherheit".

[2] Bonfils, Manuel § 196 ff.; Liszt § 9.

[3] Vgl. Beschluß des Instituts v. 31. März 1894, Art. 10, Nr. 3.

[4] Über die Ablösung des Sundzolls vgl. R. Krauel, Die Ablösung des Sundzolls u. die preuß. Politik. Hans. Geschichtsbl. 1911, Bd. 13, 319 ff. Über das Recht zur Sperrung des Sundes als Territorialgewässer, solange Dänemark und Schweden neutral sind, vgl. Perels, Intern. öffentl. Seerecht der Gegenwart, S. 162. Interessant in dieser Beziehung auch die Resolution der 18. Konferenz der Union interparlamentaire zu Haag im Jahre 1913, RG. 1913, S. 1645 und dort die I ff. veröffentlichten gleichlautenden Neutralitätserklärungen Dänemarks, Schwedens und Norwegens vom 20. Dez. 1912.

stellung eines herrenlosen Gebietes vor Feindseligkeiten durch Verträge zwischen den neutralen und kriegführenden Staaten.

Die Rechtsquellen für diese Frage sind:

1. Der Vertrag vom 8. Juli 1780 zwischen Dänemark und Rußland, in dessen Geheimartikel es hieß, daß die Ostsee geschlossen werden sollte.

2. Der Vertrag vom 8. Mai 1781 zwischen Rußland und Preußen[1], dessen Artikel 1 von der „Schließung der Ostsee" für Schiffe der Kriegführenden spricht, mit der Begründung: „que c'est une mer fermée incontestablement telle par la situation locale."

3. Im Mai 1781 wird dann die „Schließungserklärung" durch gemeinsames Vorgehen von Rußland, Schweden, Preußen und Dänemark veröffentlicht. Eine dänische Note ergeht an Frankreich, England und Holland, welche unter dem 25., 20. und 14. Mai 1781 ihre Zustimmung zu dieser Erklärung gaben. Damit waren die Verträge über diese Schaffung der Ostsee zu einem „geschlossenen Meere" abgeschlossen[2].

Fragt man sich nun, ob es sich wirklich um die Absicht handelte, die Ostsee zu einem „geschlossenen Meer" im technischen Sinne zu machen, so muß auf folgende Worte der dänischen Note und die gleichlautenden des preußischen Vertrags, die bereits durch Sperrdruck kenntlich sind, der entscheidende Wert gelegt werden. Dort heißt es: „que la mer Baltique, étant une mer fermée ... S. M. ne saurait admettre l'entrée des vaisseaux armées des Puissances en guerre." In der Antwortnote des französischen Ministers Vergennes heißt es dann, es seien Anweisungen gegeben, alle Feindseligkeiten im Baltischen Meere zu verhindern, als einem Meer „ayant embrassée la neutralité".

Der Ausdruck „neutralité" für die Ostsee wäre hier richtig, wenn das Baltische Meer wirklich zu einem „geschlossenen

---

[1] Literatur hierüber: R. Krauel, Preußen und die bewaffnete Neutralität. Forschungen zur Brandenburg. und Preuß. Gesch. Bd. 21, 431 ff.; Ders., Die Haltung Preußens in Fragen des Seekriegrechts von 1783 bis 1799, a. a. O. Bd. 24, 183 ff.; Ders., Die Petersburger Konvention vom 5./17. Juni 1801, Brunner Festschrift 1914.

[2] Pradier § 3106; Geffken, Völkerrecht S. 644 ff. und die dort Zitierten.

Meer" durch diese Verträge gemacht worden wäre; denn dann würden seine Gewässer unter der gemeinsamen Souveränität der Uferstaaten und somit, weil diese neutral waren, unter Neutralitätsrecht gestanden haben. Ist dies aber nicht der Fall, sondern handelte es sich lediglich um eiue Fernhaltung der Feindseligkeiten von diesen Gewässern für die Zeit dieses Krieges, so ist das Wort „neutralité" im ungenauen Sinn angewandt, und es handelte sich hier vielmehr um eine Erscheinungsform des eben entwickelten Begriffs der „Beschränkung des Kriegsschauplatzes".

Diese letztere Ansicht verdient den Vorzug. Es handelte sich in der Tat nur darum, „**die Ostsee zu einem geschlossenen Meer in dem Sinne zu machen, daß den Kriegsschiffen der kriegführenden Mächte dort nicht gestattet sein sollte, Handelsschiffe aufzubringen oder sonst Feindseligkeiten zu begehen**"[1].

Die weitere Entwicklung der geschichtlichen Tatsache stützte diese Ansicht: Im Jahre 1807 bombardierte England Kopenhagen und antwortete auf die Protestnote Rußlands „als einer der Garanten der Ruhe der Ostsee als eines geschlossenen Meeres"[2], daß die Verträge aus den Jahren 1780/81 nur den Ausschluß der Feindseligkeiten in dem damaligen Kriege festgesetzt hätten, **nicht aber das Meer zu einem geschlossenen gemacht worden wäre**. Wenn auch weiterhin in den Kriegen von 1855 und 1870 die Ostsee Kriegsschauplatz gewesen ist — und die großen Vorsichtsmaßregeln, mit denen die russische Ostseeflotte im Jahre 1904 den Sund passierte[3], beweisen, daß auch Rußland damals an die Möglichkeit von Feindseligkeiten im Baltischen Meere geglaubt hat — so spricht das nur dafür, daß **die Verträge von 1780/81 nur für den damaligen Krieg gedacht** waren, nicht aber gegen die Annahme, daß die Ostsee ein geschlossenes Meer sei; denn in den Kriegen von 1855, 1870 und 1904 waren die Uferstaaten ja zum Teil Kriegführende. Wäre aber der Vertrag aus dem Jahre 1780/81 als dauernd gedacht gewesen, so hätte die Ostsee

---
[1] So mit Recht R. Krauel a. a. O. S. 132, zit. nach Sonderabdruck.
[2] Zit. nach N. R. M. III, 13.
[3] Vgl. Marinerundschau von 1904, S. 96.

selbst für den Fall, daß einer der Uferstaaten Kriegführender war, nicht Kriegsschauplatz sein dürfen.

Daß aber im Gegensatz zur Neutralität, die nur für die Dauer eines Krieges gilt, die Begrenzung des Kriegsschauplatzes auch für alle künftigen Kriege abgemacht werden darf, ist als Beweis die Abmachung über das Kongobecken anzuführen, wie sie sich im Art. 11 der Berliner Generalakte vom 26. Februar 1885 findet.

Es sei vorweg bemerkt, daß Art. 10 und 18 derselben Akte allerdings auch sehr wesentliche Bestimmungen für den Gedanken der Beschränkung des Krieges enthalten, es sich dort aber um ganz andere rechtliche Erscheinungsformen dieses Gedankens handelt (Art. 10 Neutralisation; Art. 18, 25 Befriedung, vgl. die Ausführungen in Kap. III, Nr. 2). In Art. 11 aber handelt es sich um eine Regelung, die unter den Begriff „Begrenzung des Kriegsschauplatzes" fällt. Der Artikel lautet: „Falls eine Macht, welche Souveränitäts- oder Protektoratsrechte in den im Art. 1 erwähnten und dem Freihandelssystem unterstellten Ländern ausübt, in einen Krieg verwickelt werden sollte, verpflichten sich die hohen Teile, welche die gegenwärtige Akte unterzeichnen, sowie diejenigen, welche ihr in der Folge beitreten, ihre guten Dienste zu leihen, damit die dieser Macht gehörigen . . . Gebiete im gemeinsamen Einverständnis mit dieser für die Dauer des Krieges den Gesetzen der „Neutralität" unterstellt und so betrachtet werden, als ob sie einem nicht kriegführenden Staate angehörten. Die kriegführenden Teile würden von dem Zeitpunkte an darauf verzichten, ihre Feindseligkeiten auf die so „neutralisierten" Gebiete zu erstrecken oder dieselben als Basis für kriegerische Operationen zu benutzen."

Hier handelt es sich also darum, Gebiete „für die Dauer des Krieges den Gesetzen der Neutralität" zu unterstellen und so zu betrachten „als ob sie einem nicht kriegführenden Staat angehörten". Dieser letzte Satz würde diesen Gebieten eine neutrale Eigenschaft[1] im vollen Sinne des Wortes verleihen. Wie es aber mit dieser „neutralen" Eigenschaft bestellt

---

[1] Ob man überhaupt von einer „neutralen" Eigenschaft von Gebietsteilen sprechen darf, darauf wird noch in Nr. VII dieses Kapitels eingegangen werden.

ist, zeigt der nun folgende Satz, der die Pflichten der Kriegführenden hinsichtlich dieses Gebietes näher ausführt: die kriegführenden Teile würden von dem Zeitpunkte an darauf Verzicht zu leisten haben, ihre Feindseligkeiten auf die also neutralisierten Gebiete zu erstrecken oder dieselben als Basis für die kriegerischen Operationen zu benutzen." Es handelt sich also in Wahrheit keineswegs um echte „Neutralität", sondern lediglich um Fernhaltung von kriegerischen Unternehmungen aus diesen Gebieten, mit anderen Worten, um eine Begrenzung des Kriegsschauplatzes. Ebenso wurde das Baltische Meer durch die Verträge von 1781 zu einem „geschlossenen Meer" und daher bei Neutralität der Uferstaaten zu einem „neutralen" Gebiet nur in dem Sinne gemacht, „daß den Kriegsschiffen der kriegführenden Mächte dort nicht gestattet sein sollte, Handelsschiffe aufzubringen oder sonst Feindseligkeiten zu begehen," mit anderen Worten, es liegt eine Begrenzung des Kriegsschauplatzes vor, und damit eine rechtliche Regelung, die begrifflich von dem Institut der Neutralität verschieden ist.

Der einzige Unterschied jener Abmachungen untereinander ist nur, daß die Verträge des Jahres 1780/81 in ihrer Anwendung beschränkt waren auf den damaligen Krieg, während hier eine Begrenzung des Kriegsschauplatzes für alle zukünftigen Kriege dadurch erreicht werden soll, daß alle Vertragsmächte der Kongoakte für jeden Fall beim Ausbruch eines Krieges ihre guten Dienste leisten sollen, um zwischen den Kriegführenden einen Vertrag zustandezubringen, der die gewünschte Sicherung des Kongobeckens vor Feindseligkeiten verwirklicht.

Danach wären also die Verträge aus dem Jahre 1780/81 und der Art. 11 der Kongoakte Beispiele für jene Erscheinungsform der Beschränkung der Feindseligkeiten, für die der Begriff „Neutralität" nicht paßt, und die unter dem Ausdruck „Beschränkung des Kriegsschauplatzes" zusammenzufassen sind. Auch in diesem Falle würde der Ausdruck „neutral" für die betreffenden Gebiete nicht passen, weil es für diesen Begriff nicht genügt, daß die Feindseligkeiten ausgeschlossen sind (vgl. das oben gegebene praktische Beispiel).

VI.

Eine zweite wichtige Folgerung aus dem Grundsatz, daß der Begriff der Neutralität zur Voraussetzung Staaten hat, von denen die einen im Kriegs-, die andern im Friedenszustande sind, ist die der **notwendig vorübergehenden Natur der Neutralität**.

Von diesem Neutralitätsverhältnis zwischen Staaten kann man nur in Kriegszeiten sprechen: „C'est que la neutralité suppose nécessairement l'existence d'un conflit belliqueux" sagt Hagerup[1] mit Recht. Auch die Definitionen der meisten Schriftsteller heben hervor, daß die Neutralität notwendig einen Krieg voraussetzt; z. B.: „Neutrality is the attitude of impartiality adopted by third states towards belligerents and recognised by belligerents, such attitude creating rights and duties between the impartial states and the belligerents" (so Oppenheim, International law § 293).

„Neutrality is the condition of those states wich in time of war take no part in the contest, but continue pacific intercourse with the belligerents" (so Lawrence a. a. O. § 222).

„Sans guerre il n'y a pas de neutralité effective et réalisée" (Rivier II, 370).

Deshalb ist das Beiwort „zeitlich beschränkte" (temporaire) Neutralität, das sich vielfach bei Aufzählung der Einteilungen dieses Begriffs findet, ein unnötiger Zusatz, das Beiwort „dauernde" oder „ewige" (permanente oder perpétuelle) ein Widerspruch in sich selbst.

Die Bezeichnung „neutralité permanente" wird fast durchweg in der französischen Literatur für den rechtlichen Zustand der Schweiz, Belgiens und Luxemburgs[2] gebraucht, d. h. der Staaten, die durch Kollektivvertrag der europäischen Staatengemeinschaft **neutralisiert sind**[3].

Daß der Rechtscharakter des neutralisierten Staates und daß Neutralisation ganz etwas anderes ist wie Neutralität, wird

---

[1] a. a. O. S. 589.

[2] Die rechtliche Lage Luxemburgs wird noch eingehend erörtert werden müssen, 4. Kap. Nr. X.

[3] Vgl. Pradier a. a. O. 1912; Rivier a. a. O.; Nys, Neutralité permanente, R.-J. 1910; Descamps, L'État neutre à titre permanent, 1912; Nys, Droit international I, Cap. 3 u. a. m.

später noch eingehend nachgewiesen werden. Hier kommt es vor allem darauf an, zu zeigen, daß der Begriff der Neutralität, wenn man so sagen darf, den Keim der Vergänglichkeit in sich trägt, daß die Neutralität ein Rechtsverhältnis darstellt, das auf den Krieg und nur auf die Dauer des Krieges berechnet ist.

Bezeichnend für die juristisch unklare Vorstellung, die der Ausdruck „neutralité permanente" mit sich bringt, ist, daß Rivier, nachdem er in dem oben erwähnten Satze die Lebensdauer der Neutralität mit Recht auf Kriegszeiten beschränkt hat, dann zur Rechtfertigung des Ausdrucks „neutralié permanente" fortfahren muß: „Il est vrai que pour les nations à neutralité conventionelle et permanente, la neutralité existe même en temps de paix, mais seulement, si l'on peut ainsi dire, à l'état latent."

Dieselbe Argumentation versucht Nys[1], wenn er sagt, das Unterscheidungsmerkmal zwischen „neutralité permanente" und „ordinaire" sei, daß erstere in Friedenszeiten verborgen bliebe und sich erst im Kriege zeige: „elle est latente aussi long-temps que dure la paix entre les autres états; elle produit des effets lorsque la guerre éclate entre elles."

Dies ist aber keineswegs der Fall; denn das Rechtsverhältnis der sogenannten „neutralité permanente", d. h. der Neutralisation eines Staates, zeigt seine Wirkungen schon sehr deutlich auch im Frieden, z. B. im Zollvereinigungsverbot, im Bündnisverbot u. dgl., worauf noch genauer einzugehen sein wird. Es gibt also ganz entschieden Rechte und Pflichten des neutralisierten Staates im Frieden, während es Rechte und Pflichten des neutralen Staates nur im Kriege gibt[2].

Die Ursachen aber dieser ungenauen Anwendung des Begriffs Neutralität und der Mangel einer Abgrenzung von dem Begriff der Neutralisation sind hier besonders deutlich. Es sind die doppelten Gründe, auf die mehr oder weniger alle Unklarheiten in der Lehre von der Beschränkung des Krieges

---

[1] Droit international I, Cap. 3, S. 428.
[2] Ebenso Milovanowitsch a. a. O. S. 22; Knapp a. a. O., A.-J. 1910, Bd. 4 S. 336; Huber, Das Neutralitätsrecht in seiner heutigen Gestaltung. Festg. f. d. Schweizer Juristenverein, 1908. Eine Besprechung der zweiten Haager Friedenskonferenz von 1907, S. 212.

zurückzuführen sind, und auf die schon am Ende des ersten Kapitels hingewiesen werden konnte:

1. Die sprachlich nahe Verwandtschaft der beiden Worte hat dazu geführt, daß in der Literatur sowohl wie in den völkerrechtlichen Dokumenten die Ausdrücke Neutralität und Neutralisation promiscue gebraucht werden, ohne daß man den nötigen Wert auf eine präzise Ausdrucksweise legte: so verwirrten sich die Begriffe. Aber „cette distinction terminologique est rationelle et nécessaire, car les expressions ... que possèdent un fond commun de signification et étant confondues par les habitudes de langage, grâce à leur étroite parenté étymologique, sont cependant bien loin d'être synonymes; du moment que leurs suffixes établissent entre elles des nuances très accusées, il importe d'en tenir compte"[1].

Hier ist also sprachliche Ungenauigkeit schuld an der Verwirrung der Begriffe.

2. Der politische Endzweck beider völkerrechtlichen Institute ist derselbe. Die Maßnahmen unterscheiden sich in dieser Hinsicht nur in der Intensität des Mittels: der gemeinsame politische Gedanke ist der einer Beschränkung des Krieges. Macht man zum Ausgangspunkt der juristischen Untersuchung über das Wesen der Neutralität und Neutralisation diese politische Erwägung, so verdeckt man im Fundament bereits die Verschiedenheit zweier verschiedener juristischen Erscheinungsformen eines und desselben politischen Gedankens. Als klassisches Beispiel für die Gefahr einer solchen Methode mögen die Worte des Baron von Courcel auf der Berliner Kongokonferenz von 1884 gelten[2]:

„Il est entendu que le mot de neutralité, employé à art. 10, est pris dans son sens propre et technique, c'est à dire qu'il qualifie la situation légale d'un tiers, qui s'abstient de prendre part à la lutte de deux ou plusieurs parties belligérantes. Pour qu'on parle de neutre il faut qu'il y ait des belligérants, et il n'y a pas de neutralité en temps de paix ni entre deux parties envisagées seulement au point de vue de leurs rapports mutuels. Cependant rien empêche un État de se proclamer perpetuellement neutre, c'est à dire de déclarer,

---

[1] Schopfer a. a. O. S. 288.
[2] Zit. bei Descamps a. a. O. S. 95/96.

qu'en aucun cas il ne prendra volontairement part à une guerre engagée entre autres Puissances."

Zweifellos hat allerdings ein Staat kraft seines souveränen Selbstbestimmungsrechts über Krieg und Frieden die Machtvollkommenheit, zu erklären, er wolle künftighin nie mehr freiwillig an einem Kriege teilnehmen. Dieses Versprechen ist aber nicht gleichbedeutend mit dem Zustand. Vielmehr ist die Bezeichnung „neutralité permanente", wie man[1] auch im Hinblick auf diese Ausdrucksweise gesagt hat, „une allusion à la promesse que certain état a fait, de rester neutre pendant toutes les guerres, qui pouvaient éclater à l'avenir". Mit dieser einseitigen Erklärung aber, darauf wird gleich noch näher einzugehen sein, ist noch keineswegs der von ihm erwünschte Zustand erreicht; erhält er aber die dazu nötige Zustimmung und vertragliche Anerkennung oder Garantie der anderen Staaten für die von ihm erstrebte Lage, so handelt es sich eben um eine ganz neue und juristisch ganz anders als die Neutralität zu qualifizierende Eigenschaft des Staates; er ist ein neutralisierter Staat geworden.

Demnach sind die Beiworte „vorübergehend" oder „dauernd", weil dem Begriff der Neutralität als eines nur vorübergehenden Rechtsverhältnisses von Staaten, zu vermeiden: das eine als adiectum inhaerens, das andere als contradictio in adjecto.

VII.

Wenn man bis jetzt als wesentliche Merkmale des Neutralitätsbegriffs feststellen konnte, daß es sich dabei handelt um die Summe der Rechtsbeziehungen zwischen den kriegführenden Parteien und den nicht am Kriege beteiligten Staaten, so muß jetzt bezüglich des Inhalts dieser Rechtsbeziehungen als weiteres wesentliches Begriffsmerkmal die Unbeschränkbarkeit der sich aus dem Neutralitätsverhältnis ergebenden Rechte und Pflichten genannt werden. Der Zustand der Unparteilichkeit, den der Staat kraft seines Souveränitätsrechtes gewählt hat, ist ein absoluter. Der moderne Begriff der Neutralität fordert, daß die Unparteilichkeit sich ausdrücke

---

[1] Vampach, Das neutrale Luxemburg.

in allen Funktionen des Staates innerhalb seines Machtbereichs. Eine eingeschränkte (restreinte), unvollkommene (imparfaite), teilweise (partielle), abhängige (relative), besondere (qualifiée), gemäßigte (modifiée), strenge (stricte) Neutralität im Gegensatz zu einer uneingeschränkten (entière), vollkommenen (parfaite), gänzlichen (absolue), gewöhnlichen (ordinaire) gibt es nicht.

Diese strenge Auslegung des Neutralitätsbegriffs ist erst neueren Datums. Im Anfang der Entwicklung war eine mehr oder weniger friedliche Stellung gegenüber einer der Parteien durchaus zulässig, und man braucht nur an die Neutralität der Schweiz zu denken, deren Bürger als Söldner die Schlachten in den Kämpfen der Nachbarreiche schlugen oder an die Lehre vom „transitus innoxius" und der „neutralité bienveillante" um zu sehen, wie sehr sich die Verhältnisse zugunsten einer strengen Auffassung der Unparteilichkeit entwickelt haben [1].

Es ist hier nicht die Aufgabe, den Inhalt der gegenseitigen Rechte und Pflichten der Neutralen und Kriegführenden wiederzugeben. Wesentlich aber für die Begrenzung des Neutralitätsbegriffs ist die Feststellung, **daß die Unbeschränktheit der Unparteilichkeit nicht nur in dem Machtbereich der Staatsgewalt in seiner Beziehung nach außen, d. h. in seiner Stellung zu den kriegführenden Staaten zum Ausdruck kommt. Auch in dem Machtbereich der Staatsgewalt in seiner Beziehung nach innen, d. h. sowohl in der persönlichen Stellung zum Staatsvolk als in seiner räumlichen Ausdehnung auf das Staatsgebiet findet dieser Grundsatz Anwendung.** Diese Lehre von der Unteilbarkeit des Neutralitätsbegriffs steht im Zusammenhang mit der Auffassung von der Unteilbarkeit der Souveränität und der Einheitlichkeit des Staatsgebietes. Wenn nämlich die Grundlage des Neutralitätsverhältnisses geschaffen wird durch die Ausübung des souveränen Rechts der Selbstbestimmung über Krieg und Frieden, die Souveränität aber als höchste Staatsgewalt unteilbar ist, so muß auch das Neutralitätsrecht unteilbar inner-

---

[1] Vgl. Bluntschli § 746; Martens-Bergbohm Bd. II § 312 und S. 252, wo sich auch die ältere Literatur über die Möglichkeit einer „neutralité modifiée" findet.

halb des Machtbereichs der Staatsgewalt, d. h. gegen Staatsvolk und Staatsgebiet wirken.

Sehr mit Recht führt deshalb auch v. Dungern[1] als Beweis für die völlige Unabhängigkeit Ägyptens von der Türkei unter anderem an, daß es im Tripoliskrieg neutral bleiben konnte. Wäre Ägypten eine Provinz oder ein halbsouveräner Staat mit der Türkei als Suzerän, so wäre ein Neutralbleiben nicht möglich: **ein Teil eines Staatsgebietes kann nicht neutral bleiben, während der Staat im übrigen Kriegführender ist.**

Sehr mit Recht hat auch der ägyptische Khedive im russisch-japanischen Krieg zwei verschiedene Erlasse über seine Haltung in diesem Kriege veröffentlicht: In dem einen nämlich erklärt er die Neutralität Ägyptens und stellt Neutralitätsrechtsätze für das ägyptische Staatsgebiet auf, in dem anderen aber wiederholt er die Grundsätze des Vertrags vom 29. Oktober 1888 über den freien Gebrauch des Suezkanals. **Der erste Erlaß enthält Neutralitätsrecht, der zweite Befriedungsrecht;** in dem ersten handelt es sich um die formale Äußerung der Ausübung des souveränen Rechtes der Selbstbestimmung über Krieg und Frieden, in dem zweiten um die Wiederholung der Anerkennung einer dauernden rechtlichen Beschränkung der Staatsgewalt in ihrer räumlichen Ausdehnung. Daß übrigens die formelle Erklärung der Neutralität und der Erlaß von Neutralitätsregeln für die Entstehung des Neutralitätsverhältnisses nicht maßgebend sind, darauf soll noch im folgenden eingegangen werden[2].

Hier war zunächst nur nachzuweisen, daß der Grundsatz der Unbeschränktheit der Neutralität hinsichtlich der Äußerung der Staatsgewalt nach innen in räumlicher und persönlicher Ausdehnung notwendig ein absoluter sein muß.

Die praktische Folgerung dieses Grundsatzes ist, daß überall da, wo einzelne Personengruppen oder einzelne Gegenstände oder Gebiete vor Feindseligkeiten sichergestellt werden, von einer Neutralität dieser Teile eines Volkes oder Staatsgebietes

---

[1] v. Dungern, Neutralität und Intervention in den letzten Türkenkriegen. Z. J. R. Bd. 24, Heft I, S. 3/4, 1914.

[2] Abgedruckt sind beide Erlasse in dem 14. Beiheft der Marinerundschau von 1904 unter dem Titel „Neutralitätserlasse".

nicht gesprochen werden darf. Diese Erscheinungen des Gedankens der Beschränkung des Krieges fallen demnach nicht unter den Begriff „Neutralität". Die Ausdrücke „neutralité partielle conventionelle locale" oder „neutralité conventionelle personelle", wie sie sich häufig in diesem Zusammenhange finden, sind deshalb zu vermeiden.

VIII.

Die wesentlichen Begriffsmerkmale der Neutralität lassen sich demnach dahin zusammenfassen, daß sich die Neutralität darstellt als eine sich auf der Grundlage des souveränen Rechts der freien Selbstbestimmung über Krieg und Frieden aufbauende Rechtsbeziehung kriegführender zu unbeteiligten Staaten für die Dauer des Krieges, die sich äußert in der vollkommenen und unbeschränkten Unparteilichkeit des unbeteiligten Staates und der Begrenzung der Feindseligkeiten zwischen den Kriegführenden.

Diese systematische Untersuchung über die wesentlichen Begriffsmerkmale des Neutralitätsbegriffs hat für die Abgrenzung dieses völkerrechtlichen Instituts von verwandten juristischen Formen des Gedankens einer Beschränkung des Krieges folgende Ergebnisse gebracht:

1. Grundlage des Neutralitätsbegriffs ist die Ausübung des Selbstbestimmungsrechts über Krieg und Frieden und des darin enthaltenen Rechts der Verteidigung. Daraus folgt, daß von Neutralität überall da nicht die Rede sein kann, wo dieses Recht begrifflich oder durch ausdrückliches Verbot ausgeschlossen ist. Diese Fälle sind unter den noch genauer zu entwickelnden Begriff der „Befriedung" zusammenzufassen.

2. Aus der Rechtsnatur der Neutralität als einer Beziehung zwischen den kriegführenden und unbeteiligten Staaten sowie der Pflicht der ersteren, den Krieg nicht in die Grenzen des letzteren zu tragen, folgt, daß von Neutralität nicht die Rede sein kann bei allen Verträgen zwischen den Kriegführenden untereinander und den Kriegführenden und den Unbeteiligten, die für die Dauer eines Krieges einzelne Gebiete von Feindseligkeiten ausnehmen. Derartige rechtliche Erscheinungsformen des Gedankens einer Begrenzung des Krieges fallen unter den

bereits entwickelten Begriff der „Begrenzung des Kriegsschauplatzes".

3. Aus der Rechtsnatur der Neutralität als einer Beziehung von Staat zu Staat nach dem Grundsatz der Unbeschränkbarkeit folgt, daß von Neutralität nicht die Rede sein kann bei Sicherstellung einzelner Gebietsteile, Gegenstände und Personen. Handelt es sich dabei lediglich um Ausschließung der Feindseligkeiten von Gebieten, so ist der Begriff „Begrenzung des Kriegsschauplatzes" gegeben, ist auch das Recht der Verteidigung begrifflich oder ausdrücklich ausgeschlossen, so ist der später noch zu entwickelnde Begriff der „Befriedung" anzuwenden.

4. Aus dem Rechtscharakter der Neutralität als einer nur für die Dauer eines Krieges berechneten Beziehung von Staat zu Staat folgt, daß von Neutralität nicht die Rede sein kann, bei einer über die Dauer eines Krieges hinausgehenden Regelung über die Beschränkung der Feindseligkeiten. Derartige rechtliche Erscheinungsformen des Gedankens einer Begrenzung des Krieges fallen, wenn sie die Staaten als ganze ergreifen, ohne aber das Recht der Verteidigung zu berühren, unter den Begriff der „Neutralisation". Anderenfalls unter den Begriff der „Befriedung". Diese beiden Begriffe sind noch näher zu entwickeln und von einander abzugrenzen.

Während also die beiden Begriffe der Neutralisation und der Befriedung noch genauer systematischer Untersuchung bedürfen, lassen sich auf Grund der gemachten Ausführungen die Begriffe „Neutralität" und „Begrenzung des Kriegsschauplatzes" wie folgt zusammenfassen und gegenüberstellen:

a) **Neutralität ist eine sich auf der Grundlage des souveränen Rechts der Selbstbestimmung über Krieg und Frieden aufbauende Rechtsbeziehung zwischen den kriegführenden und unbeteiligten Staaten für die Dauer eines Krieges, die sich äußert in der vollkommenen und unbeschränkbaren Unparteilichkeit der unbeteiligten Staaten und der Begrenzung der Feindseligkeiten zwischen den Kriegführenden.**

b) **Begrenzung des Kriegsschauplatzes ist der Ausschluß einzelner Gebiete der Kriegführenden oder herrenloser Gebiete (freie Meere) von Feind-**

seligkeiten für die Dauer eines Krieges durch Vertrag zwischen den Kriegführenden untereinander oder den kriegführenden und unbeteiligten Staaten.

Getrennt sind beide Begriffe durch die Verschiedenartigkeit ihrer Grundlagen — hier die Ausübung der freien Selbstbestimmung über Krieg und Frieden, dort ein Vertrag zwischen Kriegführenden untereinander oder zwischen Unbeteiligten und Kriegführenden —, ferner durch den Umfang der Wirkungen — hier unbeschränkbare Unparteilichkeit, dort lediglich Ausschluß von Feindseligkeiten in bestimmten Gebieten. — Gemeinsam ist beiden Begriffen nur die Begrenzung ihrer Wirkungen auf die Dauer des Krieges.

IX.

Zum Schlusse muß noch einiges über das Wesen der Neutralitätsverträge und Neutralitätserlasse gesagt werden. Der Zustand der Neutralität beginnt für den unbeteiligten Staat mit dem Kriegszustand der Kriegführenden. Er beginnt unabhängig von einer formalen Erklärung des Staates über sein Verhalten. Maßgebend allein ist die tatsächlich unparteiische Haltung. Wenn es trotzdem üblich geworden ist, noch formelle Neutralitätserklärungen abzugeben, so haben diese rein politische Bedeutung in Bezug auf das Verhältnis der Neutralität zwischen den betreffenden Staaten. Juristische Bedeutung haben diese „Neutralitätserlasse" nur für die Untertanen des neutralen Staates, für die von nun an der Inhalt dieser Erlasse als Normen für ihr Verhalten gelten, durch deren Übertretung sie sich strafbar machen[1].

Als Beispiele sei nochmals auf die obenerwähnten Neutralitätserlasse des Khediven im russisch-japanischen Kriege hingewiesen. Eine interessante Aufführung von zahlreichen derartigen Neutralitätserlassen findet sich im 14. Beiheft der Marinerundschau von 1904, obgleich dort nicht nur Neutralitätserlasse, sondern auch Neutralitätsverträge und andere Dokumente abgedruckt sind, die im wesentlichen nur das gemeinsam haben,

---

[1] Auf die Frage, inwieweit ein Staat verpflichtet ist, seine Untertanen zu einem dem Neutralitätsrecht entsprechenden Verhalten zu veranlassen, kann hier nicht eingegangen werden.

daß ihre Vorschriften auf eine Beschränkung des Krieges abzielen: also Gemeinsamkeit des politischen Zwecks. An dieser Stelle seien noch die letzten Neutralitätserlasse Schwedens, Norwegens und Dänemarks erwähnt, welche nahezu gleichlautend unter dem 20. Dezember 1912 veröffentlicht wurden. Da zu dieser Zeit von einem Kriegszustand irgendwelcher Staaten nicht die Rede sein konnte, so geht auch daraus hervor, daß die Neutralitätserlasse an sich für den Neutralitätszustand nicht von Wichtigkeit sein können. Interessant ist aber auch, daß diese Erlasse nicht nur für die Dauer eines Krieges, sondern bis zur Veröffentlichung neuer Erlasse Geltung haben. Auch dies ein Zeichen dafür, daß sie für den Neutralitätszustand, der an die Dauer eines bestimmten Kriegszustandes gebunden ist, nicht von Bedeutung sind.

Der Inhalt dieser gleichlautenden Erlasse der skandinavischen Reiche ist übrigens juristisch wie politisch von großem Interesse, denn er beweist, daß diese Staaten nicht beabsichtigen, für den Fall ihrer Neutralität den Eingang in die Ostsee zu sperren. Nach der wohl richtigen Ansicht wären diese Staaten durchaus in der Lage, in den schmalen Wasserstraßen des Kattegatts und der Sunde als Territorialgewässer alle Feindseligkeiten auszuschließen und den Eintritt allen Kriegsfahrzeugen zu sperren[1]. In dem Erlasse heißt es, daß die Staaten den Kriegsschiffen der Kriegführenden die Einfahrt in ihre **inneren Gewässer verweigern**, und in Kap. I heißt es dann: „Il reste entendu, que dans la partie des eaux territoriales du Kattegatt, du Grand et du Petit Belt, qui forment les voies de trafic naturelles entre la mer du Nord et la mer Baltique, ce ne sont que les ports et les entrées des ports qui peuvent être considérés comme compris dans les **eaux intérieures**[2]."

Nicht zu verwechseln mit diesen Neutralitätserlassen sind die **Neutralitätsverträge**. Auch sie bilden aber keineswegs die Grundlage für den Neutralitätszustand eines Staates in dem Sinne, als ob durch einen solchen Vertrag das Rechtsverhältnis der Neutralität zwischen den unbeteiligten und kriegführenden Staaten begründet würde. Vielmehr sind diese Neutralitätsverträge nur Abmachungen zwischen Kriegführenden und Neutralen oder den Neutralen untereinander darüber, **ob und unter welchen Bedingungen sie im Zustand**

---

[1] Hier kann auf diese Frage nicht eingegangen werden, darüber **Perels** a. a. O. S. 162 und die dort zitierte Literatur.

[2] R. G. 1913 d. S. I ff.

der Neutralität verharren wollen oder nicht. Das Neutralitätsverhältnis verhält sich zu den Neutralitätsverträgen, um ein zivilistisches Beispiel zum Vergleich heranzuführen, wie der Kausalvertrag zu dem durch den absoluten Übereignungsvertrag geschaffenen Zustand. Der Zustand der Neutralität ist, einmal Wirklichkeit geworden, unabhängig von dem ihn motivierenden Neutralitätsvertrag. Die Neutralität tritt unmittelbar mit dem Kriegszustande ein, der Neutralitätsvertrag kann später oder früher geschlossen werden.

Als Beispiel mögen die im August 1870 von England mit dem Norddeutschen Bund und gleichlautend mit Frankreich geschlossenen Verträge über seine Haltung in diesem Kriege genannt sein. Der Inhalt der Verträge ging dahin, daß England aus seiner neutralen Haltung zu ungunsten desjenigen Staates treten würde, der die Neutralisationsrechte Belgiens durch Einmarsch in dies Land verletzen würde (Art. 2). Daß England zu einem solchen Verhalten laut Art. 1 des Vertrages vom 19. April 1839 als Garantiemacht verpflichtet war, kann hier, wo es sich lediglich um die Natur des Augustvertrages von 1870 handelt, natürlich außer Betracht bleiben. Das wesentliche an diesem Vertrage für die hier interessierende Frage ist, daß in ihm festgelegt wurde, unter welchen Umständen England eine neutrale Haltung einnehmen wollte: **dies ist das wesentliche Merkmal eines Neutralitätsvertrages.**

Diese Betrachtung über das Wesen der Neutralitätserlasse und Neutralitätsverträge, die allerdings Neutralitätsrecht zum Inhalte haben, aber keineswegs die Grundlagen für das Rechtsverhältnis der Neutralität zwischen zwei Staaten bilden, führt ganz von selbst hinüber zu der Untersuchung über das Wesen der Neutralisation, deren Grundlage gerade in den Verträgen zwischen allen Staaten der Staatengemeinschaft und den vor kriegerischen Verwicklungen zu sichernden Staaten zu sehen ist. Es wird daher jetzt die Aufgabe sein, das Wesen der Neutralisation zu entwickeln und diesen Begriff gegen die anderen hier interessierenden rechtlichen Erscheinungsformen des Gedankens einer Beschränkung des Krieges abzugrenzen.

Drittes Kapitel.
Neutralisation.

I.

Wenn die oben vertretene Ansicht, daß von Neutralität nicht die Rede sein kann, wo die Sicherstellung eines Staates über die Dauer eines Krieges hinaus festgelegt ist, als richtig angenommen und somit der Ausdruck „neutralité permanente" dafür abgelehnt wird, so muß für diesen Rechtszustand eine andere Bezeichnung gesucht werden. **Dieser ist gefunden in dem Wort „Neutralisation", denn dies drückt sprachlich aus, daß ein Zustand der Unparteilichkeit geschaffen wird durch eine positive Handlung, gerichtet gegen ein bestimmtes Objekt, nämlich den Staat. Wirkung dieser gegen den Staat gerichteten Handlung ist sein neutralisierter Zustand.** Neutralisiert ist also derjenige Staat, der durch einen Gesamtakt der Staatengemeinschaft in die Lage versetzt ist, sich dauernd allen kriegerischen Verwicklungen fernhalten zu müssen. **Neutralität aber drückt sprachlich das Verhalten eines Staates als Subjekt aus, das seiner Handlungsweise selbständig und allein eine bestimmte Richtung gibt: die Wirkung dieser Selbstbestimmung ist das neutrale Verhalten des Staates.**

II.

Die juristischen Grundlagen der beiden rechtlichen Erscheinungsformen des Gedankens einer Beschränkung des Krieges rechtfertigen die Anwendung der Worte „Neutralität" und „Neutralisation". Da nämlich die Grundlage der Neutralität, wie im zweiten Kapitel entwickelt wurde, die Ausübung des freien Selbstbestimmungsrechts des Staates über seinen Kriegs-

und Friedenszustand ist, so entspricht das Wort „Neutralität" nach den obigen Ausführungen der Sache vollkommen. Wenn dasselbe auch von dem Wort „Neutralisation" gelten soll, so muß deren Grundlage sich darstellen als eine gegen den Staat als Objekt gerichtete Handlung zur Schaffung eines vor feindlichen Einwirkungen gesicherten Zustandes. Diese Handlung aber sind die Verträge, die der zu neutralisierende Staat mit den anderen Staaten zu dem erwünschten Zwecke abschließt; die Grundlage der Neutralisation sind die Neutralisationsverträge.

Ganz im Gegensatz also zu den Neutralitätsverträgen, die keineswegs die Grundlage des Neutralitätsverhältnisses bilden, das vielmehr durch das einseitige Verhalten des Staates bedingt wird, müssen zur Schaffung des Neutralisationsverhältnisses notwendig zweiseitige Verträge vorliegen.

Allerdings ist dies nicht unbestritten. Es wird auch die Ansicht vertreten, daß eine Neutralisation eines Staates oder, wie die betreffenden Schriftsteller sagen, die „neutralité permanente"[1] auch geschaffen werden könnte durch die einseitige Erklärung des betreffenden Staates[2]. Diese Auffassung erscheint aber deswegen nicht haltbar, weil sie gegen den allgemeinen Rechtsgrundsatz verstößt, daß im Rechtsverkehr niemals einseitig Pflichten auferlegt werden können. Da das Prinzip der völligen Gleichberechtigung aller Staaten die Grundlage des Rechtsverkehrs unter ihnen bildet, so kann ein Staat nicht in der Lage sein, durch einseitige Erklärung anderen Staaten für die Zukunft die Pflichten aufzuerlegen, die das Neutralisationsverhältnis mit sich bringt. Oder von der anderen Seite gesehen: Der Staat kann sich ebensowenig selbst einseitig

---

[1] Hier muß natürlich gesagt werden, daß der als ungenau zu vermeidende Ausdruck „neutralité permanente" für den Neutralisationsbegriff keineswegs im Gefolge zu haben braucht, daß die Verschiedenartigkeit des Wesens der Neutralität und Neutralisation durchaus verkannt wird. Zum Beweis dafür vergleiche man nur die ausgezeichneten Ausführungen von Hagerup, „La neutralité permanente" R.-G. 1909 S. 577 ff.; „Droit international" und Ders., „Notes sur la neutralité permanente" R.-J. 1900, 416 ff. und 1901, 13 ff.; v. Liszt § 40 ff.; Ullmann § 27 ff.

[2] So besonders Martens, La neutralité de Danemark. Revue de deux Mondes v. 15. Nov. 1903; Descamps, „L'État neutre à titre permanent"; Hainz, The neutralisation of the Panama-Canal. A.-J. 1909 S. 354 ff.

Rechte verschaffen, die in die Handlungsfreiheit der übrigen Staaten so entscheidend eingreifen wie die Neutralisation eines Staates es im Gefolge hat.

Daraus aber, daß die Neutralisation allen anderen Staaten Pflichten auferlegt, folgt auch, daß zur Schaffung dieses Zustandes alle Staaten der Völkerrechtsgemeinschaft ihre Zustimmung geben müssen. Ein Neutralisationsvertrag zwischen zwei Staaten ist ebensowenig wirksam wie eine einseitige Neutralitätserklärung: Jener wirkt nur unter den Parteien, diese verpflichtet niemand.

In der Tat ist denn auch die Neutralisation von Staaten stets durch Gesamtakt der Staatengemeinschaft erfolgt. Als Beispiel mögen hier angeführt sein:

1. Die Neutralisation Maltas durch den Frieden von Amiens im März 1802 [1].

Die Insel des Malteserordens war wegen ihrer strategisch wichtigen Lage Gegenstand heftiger Streitigkeiten zwischen England und Frankreich. Deshalb kam „en vue de faire cesser les calamités d'une guerre destructive" [2] ein Vertrag zu London vom 1. Oktober 1801 zustande. Dieser hatte weitgehende Pläne zur Regelung der Maltafrage. Die Vorschläge, die hier gemacht wurden, waren folgende:

„Le moyen de concilier tous les intérêts, le gouvernement français croyait en effet l'avoir trouvé **dans la démolition des fortifications de Malte** et sa transformation en un lazaret ouvert à toutes les nations du monde. L'île perdrait ainsi son importance stratégique; le séjour des troupes néapolitaines y devenait inutile ... et pour toutes puissances il ne devrait résulter de là que des avantages [3]."

Man wollte also ein **Befestigungsverbot**, so wenigstens der französische Vorschlag. England dagegen wollte erreichen, daß „les ports de Malte seront en tout temps neutres, et cette neutralité sera conservée nonobstant les hostilités quelconques dans lesquelles les puissances susmentionnées peuvent se trouver

---

[1] Literatur vor allem Morand, Les origines de la neutralité S. 527 ff.; Text der Verträge bei Strupp I, 120.

[2] Descamps S. 84.

[3] Morand S. 532.

engagées"[1]. Das heißt: einen Ausschluß aller Feindseligkeiten in den Häfen und Buchten Maltas, mit anderen Worten, eine „Befriedung" in dem später noch genauer zu entwickelnden Sinn. Schließlich wurde daraus durch den Friedensvertrag von Amiens eine Neutralisierung Maltas unter der Garantie fast aller europäischen Mächte.

Art. 10 des Vertrages vom 2. März 1802 lautet: „Les îles de Malte, de Gozo et de Comino seront rendues à l'ordre de Saint-Jean de Jérusalem pour être par lui tenues aux mêmes conditions auxquelles il les possédait avant la guerre et sous les conditions suivantes . . .

„6⁰ L'indépendance des îles de Malte, de Gozo et de Comino, ainsi que le présent arrangement, sont mis sous la protection et garantie de la France, de la Grande-Bretagne, de l'Autriche, de L'Espagne, de la Russie et de la Prusse.

„La neutralité permanente (I) de l'ordre et de l'île de Malte avec ses dépendances sera proclamée."

Demnach ist Malta als erstes Beispiel für einen neutralisierten Staat in der Geschichte anzusehen und der Schöpfer des Neutralisationsgedankens ist nicht, wie man vielfach annimmt, der Wiener Kongreß. Allerdings war die Lebensdauer des neutralisierten Staates keine sehr lange. Durch Art. 7 des ersten Pariser Friedens vom 30. Mai 1814 kam Malta für immer an Großbritannien.

2. Die Neutralisierung der Schweiz[2].

Die Rechtsquellen für diese Frage sind folgende:

a) Am 20. März 1815 erklärten die Kongreßmächte: „Les puissances appelées à intervenir dans l'arrangement des affaires de la Suisse, pour l'exécution de l'article 6 du Traité de Paris du 30 Mai 1814, ayant reconnu que l'intérêt général réclame en faveur du Corps helvétique l'avantage d'une neutralité perpétuelle; et voulant, par des restitutions territoriales et des cessions, lui fournir les moyens d'assurer son indépendance et maintenir sa neutralité."

---

[1] Morand S. 533.

[2] Zur Geschichte Descamps, Schopfer a. a. O. Kap. 2, Text der Verträge Strupp I, 162 ff.; Martens II, 179 ff.; Fleischmann Nr. 5.

b) Am 27. Mai 1815 trat die Eidgenossenschaft dieser Erklärung bei: „La diète accède, au nom de la confédération suisse, à la déclaration des puissances réunies au Congrès de Vienne en date de 20 Mars 1815, et promet que les stipulations de la transaction insérée dans cet acte seront fidèlement et réligieusement observées."

Dadurch war der Vertrag geschlossen, durch den die Grundlage zur Neutralisation der Schweiz geschaffen wurde. Es bedurfte nur noch der Anerkennung, die sich zugleich zu einer Garantie durch den Akt vom 20. November 1815 ausgestaltete. Dort heißt es im zweiten Absatz:

„Ces changements se trouvant déterminés par les stipulations du Traité de Paris de ce jour, les Puissances signataires de la Déclaration de Vienne du 20 Mars font par le présent Acte une reconnaissance formelle et authentique de la neutralité perpétuelle de la Suisse, et Elles lui garantissent l'intégrité et l'inviolabilité de son territoire dans ses nouvelles limites[1]."

Durch diese drei Akte ist die Neutralisation der Schweiz Wirklichkeit geworden.

3. Die Neutralisation Belgiens.

Die Rechtsquellen hierfür sind:

a) Der Vertrag vom 1. April 1839 zwischen Preußen, Österreich, Frankreich, England und Rußland einerseits, Belgien andererseits:

Art. 1. „S. M. le roi des Français . . . déclarent . . ., que les articles ci-annexés . . . se trouvent ainsi placés sous la garantie de leurs dites Majestés."

---

[1] Textkritisch sei hier darauf hingewiesen, daß auch die offiziellen Dokumente den Ausdruck „neutralité perpétuelle" für den Zustand der Neutralisation brauchen. Richtig aber wird in den zitierten Dokumenten der Begriff der Neutralisation unterschieden von dem der Unabhängigkeit und territorialen Unverletzlichkeit: „assurer son independance et maintenir sa neutralité" und „garantissent l'intégrité et inviolabilité de son territoire" im Gegensatz zu „reconnaissance de la neutralité perpétuelle". Der Garantievertrag über die Unabhängigkeit und territoriale Integrität ist etwas ganz anderes wie der Vertrag, welcher die Grundlage des neutralisierten Zustandes eines Staates schafft.

b) Der Vertrag vom 19. April 1839 zwischen Belgien und den Niederlanden:

Art. 7: „La Belgique, dans les limites indiquées aux articles 1, 2 et 4, formera un état indépendant et perpétuellement neutre. Elle sera tenue d'observer cette même neutralité envers tous les autres états."

Auch hier ist also die Neutralisation durch einen Garantievertrag zwischen den europäischen Staaten und dem zu neutralisierenden Staate geschaffen worden.

4. Die Neutralisation des Kongostaates [1].

Es muß von vornherein nochmals (vgl. 2. Kapitel Nr. IV) darauf hingewiesen werden, daß in der Kongoakte verschiedene Gebiete zu unterscheiden sind:

a) Der Kongostaat selbst. Dieser ist tatsächlich neutralisiert worden und zwar durch folgende Vorgänge: Der in dem Kapitel 3 der Generalakte der Berliner Konferenz am 26. Februar 1885 enthaltene Art. 10 lautet:

„Um dem Handel und der Industrie eine neue Bürgschaft der Sicherheit zu geben, und durch die Aufrechterhaltung des Friedens die Entwicklung der Zivilisation in denjenigen Ländern zu sichern, welche im Art. 1 erwähnt und dem System der Handelsfreiheit unterstellt sind, verpflichten sich die Hohen Teile ... die Neutralität der Gebiete ... zu achten, solange die Mächte, welche Souveränitäts- oder Protektoratsrechte über diese Gebiete ausüben oder ausüben werden, von dem Rechte, sich für neutral zu erklären, Gebrauch machen und den durch die Neutralität bedingten Pflichten nachkommen."

Entsprechend dem Vertragsantrag zum Abschluß eines Neutralisationsvertrages für die Staaten, „welche von dem Rechte, sich neutral zu erklären, Gebrauch machen," der in diesen Worten des Art. 10 liegt, gab der König der Belgier in seiner Eigenschaft als Souverän des unabhängigen Kongostaates unter dem 1. August 1885 an alle Vertragsstaaten der Kongoakte folgende Erklärung ab, durch die der Neutralisationsvertrag geschlossen wurde:

---

[1] Literatur bei Descamps S. 79 ff.; Text der Verträge RGBl. 1885 S. 215; Martens II 414; Fleischmann Nr. 51.

„Le soussigné, administrateur général du Congo … est chargé par le Roi Souverain de cet Etat de porter à la connaissance … qu'en conformité de l'article 10 de l'Acte général de la Conférence de Berlin, l'Etat Indépendant du Congo se déclare, par les présentes, perpétuellement neutre."

Der Kongostaat ist also damit tatsächlich durch Vertrag zwischen den europäischen Staaten und dem Kongostaat neutralisiert worden. Überdies muß bemerkt werden, daß dadurch, daß später der bisher unabhängige Kongostaat durch das sogenannte „politische Testament" des Königs Leopold, das in Wahrheit ein Annexionsakt des souveränen Staates Belgien war, an Belgien kam, jene durch die Vorgänge des Jahres 1885 geschaffene Neutralisation aufgehoben wurde und der **„Kongostaat" nunmehr als ein Teil des belgischen Gebietes unter dem Neutralisationsrecht dieses Staates steht;** denn die Garantie und Anerkennung der Neutralisation eines Staates erstreckt sich bei Zustimmung der Garantiestaaten auch auf Neuerwerbungen. Das folgt aus dem oben entwickelten Grundsatz der Einheit des Staatsgebietes[1].

b) **Diejenigen Teile des Kongostaates, die auch unter dem Grundsatze der Handelsfreiheit des Art. 1 der Kongoakte stehen, aber nicht neutralisiert sind.** In diesem Teile soll laut Art. 11 für die jeweilige Dauer eines Krieges jede Feindseligkeit ausgeschlossen werden. Es handelt sich also um eine „**Begrenzung des Kriegsschauplatzes**" in dem im zweiten Kapitel Nr. IV entwickelten Sinne, was schon dort auseinandergesetzt werden konnte.

Endlich sei erwähnt, daß neben diesen zwei Erscheinungsformen des Gedankens einer Begrenzung des Krieges, nämlich in Art. 10 im Verein mit den Erklärungen des Kongostaates vom 1. August 1885 eine **Neutralisation** und in Art. 11 die **Abmachung der Begrenzung des Kriegsschauplatzes** sich in den Art. 18 und 25 ein Fall der „**Befriedung**" findet. Darauf muß noch im vierten Kapitel unter Nr. III eingegangen werden.

Die rechtliche Stellung Luxemburgs ist nach der hier vertretenen Ansicht nicht die eines neutralisierten, sondern

---

[1] Vgl. v. Liszt S. 61/62.

die eines befriedeten Staates und darf deswegen also hier nicht als Beweis für die notwendige Doppelseitigkeit des Neutralisationsaktes angeführt werden. Darauf wird noch im vierten Kapitel unter Nr. I einzugehen sein.

Diese Tatsachen mögen genügen, um die Richtigkeit der Ansicht zu stützen, daß die Grundlage der Neutralisation von Staaten gebildet wird durch den Gesamtakt der Staatengemeinschaft, die durch die Anerkennung oder in verstärktem Maße durch die Garantie den neutralisierten Zustand des Staates herbeiführt[1].

III.

Wendet man sich nunmehr zur Darlegung des Rechtscharakters der Neutralität dem Inhalt dieser Verträge zu, welche die Grundlage des Zustandes der Neutralisation ausmachen, so ist zunächst als wesentliches Merkmal dieser Verträge zu betonen, daß sie dauernde Rechte und Pflichten schaffen. Im Gegensatz zur Neutralität, die nur für die Dauer des Krieges berechnet ist, wird hier ein Zustand geschaffen, der zu Kriegs- und Friedenszeiten seine Rechtswirkungen äußert.

Während nämlich sowohl der Neutralität wie der Neutralisation die Enthaltung von Feindseligkeiten wesentlich ist, hat der neutrale Staat das Recht, jederzeit aus dieser friedlichen Haltung herauszutreten, der neutralisierte dagegen nicht. Der neutralisierte Staat hat auf das Recht zur Kriegführung, es sei denn als Verteidigungsmaßregel seiner Unverletzlichkeit, verzichtet. Er muß infolgedessen auch im Frieden alles vermeiden, was ihn in Feindseligkeiten verwickeln könnte. Descamps spricht in diesem Zusammenhang von einer „Prophylaxis der Neutralität", während Rivier, wie bereits erwähnt, eine „neutralité latente" konstruieren mußte, um diesen Pflichten des Staates gerecht zu werden, dessen Zustand er als „neutralité permanente" bezeichnete. Es ist bereits bei der Zurückweisung des Wortes „neutralité permanente" erörtert, daß diese Ausdrücke nur Umschreibungen für tatsächliche Vorgänge sind,

---

[1] Auf die Frage der rechtlichen Bedeutung der Garantieverträge kann hier nicht eingegangen werden. Vgl. darüber Quabbe, Die völkerrechtliche Garantie, 1911; Milovanowitsch, Les traités de garantie, 1888, und die dort Zitierten.

nicht aber dem juristischen Wesen des Rechtsverhältnisses der Neutralisation und der Neutralität gerecht werden. **Es gibt also Pflichten des neutralisierten Staates im Frieden, von Pflichten des neutralen Staates kann nur im Kriege die Rede sein.** Auf solche **Friedenspflichten** des neutralisierten Staates soll jetzt eingegangen werden:

1. **Die Pflicht, keine Bündnisse abzuschließen,** die den Staat in die Lage versetzen könnten, im Fall eines Krieges aus seiner Unparteilichkeit herauszutreten. Dazu gehören in erster Linie die **Schutz- und Trutzbündnisse,** d. h. die Zusage von Waffenhilfe, zu Angriffs- oder Verteidigungskriegen. Zweitens aber auch Bündnisse, welche die Unterstützung eines der Kriegführenden durch Zuführung von Kriegsmaterial und dergleichen zusagen, d. h. **Verpflichtung zu „friedlicher Unterstützung".** Endlich darf der neutralisierte Staat keine Bündnisse abschließen, indem er einem anderen Staat verspricht, dessen Rechte zu wahren: **Verbot der Garantiebündnisse.** Ein interessantes Beispiel hierfür ist, daß Belgien als neutralisierter Staat zwar mit an den Verhandlungen über die staatsrechtliche Stellung Luxemburgs teilnehmen, nicht aber die Aufrechterhaltung des geschaffenen Zustandes mit garantieren durfte (Art. 2 des Vertrages vom 11. Mai 1867).

Der Art. 2 des Vertrages lautet demgemäß:

Absatz 3: „Ce principe[1] est et demeure placé sous la sanction de la garantie collective des Puissances signataires du présent traité, à l'exception de la Belgique qui est elle-même un Etat neutre."

2. Die Pflicht, keine **Zollvereinigung** mit einem nicht neutralisierten Staat einzugehen. Allerdings ist die Zollvereinigung an sich als Ausfluß der Handelsfreiheit, die für den neutralisierten Staat in keiner Weise beschränkt ist, ein Bündnis, das keineswegs zu Handlungen verpflichtet, die zu kriegerischen Verwicklungen führen. Trotzdem ist sie verboten. Hier gerade zeigt sich, **daß die Pflichten des neutralisierten Staates keineswegs nur auf Kriegszeiten zuge-**

---

[1] Nämlich der Grundsatz, nach dem die rechtliche Stellung Luxemburgs zu beurteilen ist.

schnitten sind. Aber die wirtschaftliche und politische Vereinigung gehen so sehr Hand in Hand, daß sich aus diesem Grunde eine Zollvereinigung des neutralisierten Staates mit einem anderen Staate verbietet. Man braucht sich nur daran zu erinnern, ein wie starkes Band und mächtiger Antrieb der deutsche Zollverein vom Jahre 1834 zur politischen Vereinigung des gesamten Deutschen Reiches gewesen ist. Eine Zollvereinigung mit einem anderen Staate würde ohne weiteres eine Begünstigung dieses Staates gegenüber den übrigen bedeuten. **Damit würde gegen die Verpflichtung zur Unparteilichkeit verstoßen werden, die eben gerade für den neutralisierten Staat auch im Frieden gegeben ist.** In der Tat ist denn auch seinerzeit eine Zollvereinigung Belgiens mit Frankreich aus diesem Grunde als eine Verletzung des Vertrages vom 19. April 1839 angesehen worden und deshalb gescheitert. Auf die Tatsache, daß Luxemburg im deutschen Zollverein bleiben durfte, ist später noch einzugehen.

3. Die Pflicht, **Eisenbahnlinien** nicht unter den Einfluß der Regierungen anderer Staaten kommen zu lassen. Die Notwendigkeit dieser Pflicht für die unparteiische Stellung des Staates geht ohne weiteres aus der großen wirtschaftlichen und strategischen Bedeutung des Eisenbahnnetzes hervor. Belgien hat denn auch ein Gesetz in diesem Sinne unter dem 23. Februar 1869 erlassen[1].

4. Auch die Pflicht eines Staates, der neutralisiert ist, sich in Bezug auf seinen **Waffenhandel** Beschränkungen aufzuerlegen, mag in die Reihe der Friedenspflichten gehören, doch muß man sich hüten, diesen Grundsatz, der noch nicht völkerrechtlich anerkannt ist, zu überspannen. In den letzten Kriegen haben einige Staaten ihm gefolgt, andere nicht[2]. Es mag daher dahingestellt bleiben, ob man das Verbot des Waffenhandels auch als Friedenspflicht des neutralisierten Staates ansehen will.

Diese Beispiele mögen genügen, um zu erklären, daß es **Friedenspflichten des neutralisierten Staates** gibt und auch diese als ein wesentliches Merkmal für den **Dauercharakter des Neutralisationsverhältnisses** anzusehen sind.

---

[1] Vgl. bei Descamps a. a. O. S. 134.
[2] Ders. a. a. O. S. 135.

IV.

Während die bisher genannten Begriffsmerkmale die wesentlichen Unterschiede zwischen dem Begriff der Neutralität und der Neutralisation klar werden ließen, zeigt sich jetzt, daß beide auch starke gemeinschaftliche Züge tragen. Vor allem steht auch das ganze Neutralisationsrecht unter dem Grundsatz der völligen Unparteilichkeit, die ebenso, wie es bei der Besprechung dieses Merkmals des Neutralitätsbegriffs dargelegt ist, durch die strenge Auslegung zu einer unbeschränkbaren Maxime wird. Es sind deshalb in dieser Hinsicht dieselben Folgerungen zu ziehen, wie bei der Lehre von der Neutralität, und es kann auf die dort gemachten Ausführungen verwiesen werden. (Zweites Kapitel Nr. 7.) Die Anwendung der dort gewonnenen Grundsätze auf die Lehre von der Neutralisation führt vor allem zu dem Ergebnis, daß von dem Begriff **einer teilweisen Neutralisation, sei es angewendet auf einzelne Teile eines Staatsvolkes (Personen), sei es auf einzelne Teile des Staatsgebietes (Gegenstände oder einzelne Gebiete), die vor Feindseligkeiten sicher gestellt sind, nicht gesprochen werden kann**, da sie der Rechtsnatur der Neutralisation zuwiderlaufen. Es handelt sich hier um eine Beziehung von Staat zu Staat nach den Grundsätzen der unbeschränkbaren Unparteilichkeit und der Verteidigungspflicht. Daraus folgt aber, daß überall da, wo einzelne Personen usw. **über die Dauer eines Krieges hinaus und unabhängig von dem Bestehen eines Kriegszustandes dauernd vor Feindseligkeiten sichergestellt sind, der Begriff der Neutralisation nicht Anwendung finden kann.**

V.

Bei dieser Gelegenheit muß nochmals auf das Begriffsmerkmal der Verteidigungspflicht auch für das Neutralisationsverhältnis eingegangen werden. Die Neutralisation ist der Zustand eines Staates, dessen souveränes Recht der Kriegführung insofern beschränkt ist, als er Angriffskriege zu führen nicht imstande ist. Dagegen ist die andere Seite des Kriegführungsrechts, das Recht zur Führung von Verteidigungskriegen ihm durchaus geblieben, weil es nämlich dem neutralisierten Staat gar nicht genommen werden kann. Denn dem neutralisierten Staat sind Rechte und Pflichten verliehen, zu deren Wahrung er in der Lage sein muß, sich zu verteidigen. Deshalb gehört notwendig zum Begriff der Neutralisation auch das **Recht der Verteidigung**. Es wird aber ergänzt durch die **Pflicht zur Verteidigung**; denn dem neutralisierten Staat ist die Pflicht zur Unparteilichkeit auferlegt. Eine verteidigungslose Duldung der Verletzung dieser Unparteilichkeit durch einen anderen Staat würde nicht der Pflicht der Unparteilichkeit des neutralisierten Staates entsprechen. Denn zu ihr gehört nicht nur passives Sich-nicht-beteiligen, sondern aktives Sich-nicht-mißbrauchen-lassen. Wenn nun aber sich Fälle aufweisen lassen, wo durch das Verbot, z. B. von militärischen Anlagen oder überhaupt militärischer Organisation die Verteidigung unmöglich gemacht ist, so erhellt daraus, daß es sich in diesen Fällen um Erscheinungen handelt, die mit dem Begriff der Neutralisation nichts zu tun haben. Man hat das auch so ausgedrückt[1]: „Die Neutralisation ist eine subjektive Begrenzung der Staatsgewalt", d. h. bei der Neutralisation ist das Souveränitätsrecht der freien Selbstbestimmung des Staates über Krieg und Frieden eingeschränkt: der Staat als Person, als Träger gewisser Rechte ist in der Ausübung derselben beschränkt. Bei dem Verbot aber der Ausübung des Verteidigungsrechtes handelt es sich vielmehr um eine „objektive Beschränkung der Staatsgewalt". Es ist eine Pflicht des Staates gegen sich selbst „in territorialer Beziehung", während es sich bei der Neutralisation und ebenso bei der Neutralität um Pflichten und Rechte des Staates gegen andere Staaten handelt. Wenn nun nachgewiesen wird, daß es eine Gruppe von Fällen gibt, in denen ein solches Verbot der Verteidigung begriffliches Merkmal ist, so erscheint es notwendig, **diese Fälle von den Begriffen der Neutralisation und Neutralität abzugrenzen und ihnen eine besondere systematische Stellung zuzuweisen**. Dies soll geschehen durch die Entwicklung des Begriffs der Befriedung.

VI.

Faßt man nun die gefundenen wesentlichen Begriffsmerkmale der Neutralisation zusammen, so ergibt sich: **Neutralisation**

---

[1] So **Detreux** a. a. O. S. 90.

Zusammenfassung der Merkmale des Neutralisationsbegriffes.

ist der sich auf der Grundlage von Verträgen der Staatengemeinschaft mit einem Staate aufbauende Zustand desselben, der ihn verpflichtet, dauernd für Kriegs- und Friedenszeiten eine unparteiische Stellung innerhalb der Staatengemeinschaft einzunehmen. Damit ist auch die Abgrenzung gegenüber dem Begriff der Neutralität, der Begrenzung des Kriegsschauplatzes und der Befriedung gegeben:

1. Den Begriffen Neutralität und Neutralisation ist gemeinsam das Wesen der Unparteilichkeit und der Unbeschränkbarkeit sowie das Recht der Verteidigung, gänzlich verschieden aber sind die Grundlagen, aus denen sich die beiden Begriffe entwickeln und die Dauer ihrer Wirkung. Die Grundlage der Neutralität ist Ausübung des souveränen Rechts der freien Selbstbestimmung über Krieg und Frieden, berechnet auf das Verhalten eines Staates in einem bestimmten Kriege. Die Grundlagen der Neutralisation dagegen sind die Verträge zwischen dem zu neutralisierenden Staat mit den übrigen Staaten der Staatengemeinschaft zur Schaffung eines in Kriegs- und Friedenszeiten dauernden Zustandes.

2. Gänzlich verschieden in ihrer rechtlichen Struktur sind die Begriffe „Begrenzung des Kriegsschauplatzes" und „Neutralisation". Bei ersterem handelt es sich um die rechtliche Regelung einer rein territorialen Einschränkung der kriegerischen Aktion, bei letzterem um die rechtliche Festlegung des Zustandes eines ganzen Staates für Kriegs- und Friedenszeiten.

3. Wo endlich der Gedanke der Beschränkung des Krieges dadurch verwirklicht ist, daß sowohl die Feindseligkeiten als auch die Möglichkeit einer Verteidigung begrifflich oder ausdrücklich ausgeschlossen ist, handelt es sich um den Begriff der Befriedung, dessen Merkmale nunmehr an der Hand der positiven Verträge entwickelt werden sollen.

Viertes Kapitel.
Die Befriedung.

I.

Der Rechtscharakter des Begriffs der völkerrechtlichen Befriedung soll jetzt an den verschiedenen positiven Vorschriften der Verträge entwickelt werden, welche den Gedanken einer Beschränkung des Krieges dadurch zu verwirklichen streben, daß in ihnen einerseits alle Feindseligkeiten gegen das zu sichernde Objekt ausgeschlossen wurden, andererseits eine Unmöglichkeit der Verteidigung sich schon begrifflich ergab, oder durch besondere Vorschriften geschaffen wurde. Danach lassen sich zwei verschieden zusammengesetzte Mittel zur Erreichung der Befriedung unterscheiden: Entweder wird der rechtliche Zustand der Befriedung **kraft Ausschlusses der Feindseligkeiten gegen das zu sichernde Objekt und kraft natürlichen Ausschlusses der Verteidigung desselben verwirklicht**, oder man schafft die erstrebte Rechtslage abermals **kraft Ausschlusses der Feindseligkeiten gegen das zu sichernde Objekt und nun auf künstlichem Wege außerdem kraft Ausschlusses der Verteidigung desselben infolge ausdrücklichen Verbots derselben**. Diese verschiedenen Mittel ändern nichts an dem rechtlichen Charakter des erstrebten Zustandes; sie sind hier nur getrennt behandelt zur übersichtlicheren Darstellung der verschiedenartigen Objekte, die zum Gegenstand der Befriedung gemacht werden.

Was unter dem Ausdruck „Ausschluß der Feindseligkeiten" zu verstehen ist, bedarf keiner weiteren Erörterung. Es ergibt sich ohne weiteres aus der Erwägung, daß es sich um Rechtsbeziehungen von Staaten zueinander handelt, und also nur ein Vorgehen infolge eines Krieges im Rechtssinne mit dem Wort

„Feindseligkeiten" gemeint sein kann. Die Wendung soll hier beschränkt werden auf ein aktives agressives Vorgehen, mit anderen Worten: **Ausschluß der Feindseligkeiten bedeutet Verbot des Angriffs.** Der Ausdruck „Ausschluß der Verteidigung infolge ausdrücklichen Verbots derselben" ist aus demselben Gesichtspunkte ebenfalls in sich verständlich. Unter „natürlichem Ausschluß der Verteidigung" aber soll hier der Zustand des zu sichernden Objekts verstanden sein, der begrifflich ein defensives kriegerisches Vorgehen als Ausfluß des Souveränitätsrechtes eines Staates nicht zuläßt. Von Krieg kann nämlich nur da die Rede sein, wo auch ein Staat oder vielmehr zwei Staaten der Völkerrechtsgemeinschaft[1] gegeneinander mit Waffenhilfe ihre Streitigkeiten zum Austrag bringen. Die Möglichkeit einer Verteidigung, d. h. Maßnahmen zu einem defensiv kriegerischen Verhalten kann nur ein souveräner Staat haben. **Überall da also, wo ein souveräner Staat als Träger der kriegerischen Rechtsbeziehungen fehlt, mangelt es auch begrifflich an einer Verteidigungsmöglichkeit des Objekts der Befriedung.** In diesem Sinne also ist zunächst der Ausdruck „natürlicher Ausschluß der Verteidigung" zu verstehen, und er ist gewählt im Gegensatz zum Ausschluß der Feindseligkeiten, unter dem nur das aggressive Vorgehen gegen das zu sichernde Objekt verstanden wird. Als solche Objekte kommen in Betracht:

1. das herrenlose Land,
2. einzelne Personen oder Personengruppen,
3. einzelne bewegliche oder unbewegliche Gegenstände.

Von einem natürlichen Ausschluß der Verteidigung muß aber auch da gesprochen werden, **wo zwar ein souveräner Staat, der als Träger der kriegerischen Beziehung in Betracht käme, vorhanden ist, die dieser Staatsgewalt zur Verfügung stehenden Mittel aber so geringe sind, daß von einer Entscheidung der rechtlichen Beziehungen durch Waffengewalt nicht die Rede sein kann.** In Betracht kommen also hier ganz kleine unabhängige Staaten.

---

[1] Bewaffnetes Vorgehen gegen ein außerhalb der Völkerrechtsgemeinschaft stehendes Volk ist kein Krieg im Rechtssinne.

Nach dieser sprachlichen Erklärung des Begriffs der Befriedung kann zur Entwicklung derselben an den gegebenen völkerrechtlichen Sätzen geschritten werden. **Es soll begonnen werden mit den Verträgen, welche die Befriedung kraft Ausschlusses der Feindseligkeiten gegen das Objekt und kraft begrifflichen Ausschlusses der Verteidigung desselben erreichen.**

II.

Es ist bei der sprachlichen Erklärung der Merkmale der Befriedung kraft Ausschlusses der Verteidigung unterschieden worden zwischen solchen Fällen, in denen ein souveräner Staat als Träger der Verteidigung zwar theoretisch, nicht aber praktisch vorhanden ist, und solchen Fällen, wo es an einem solchen überhaupt fehlt. Die erste Gruppe von Objekten soll zuerst betrachtet und festgestellt werden, ob unter ihnen sich befriedete Objekte finden. — Als solche unabhängigen kleinen Staaten, bei denen durch ihre natürliche Lage die Verteidigung ausgeschlossen ist, kommen etwa in Betracht: **San Marino, Liechtenstein, Monaco und Luxemburg.** Letzteres muß aber hier zunächst ausscheiden, weil die besondere vertragliche Regelung über den rechtlichen Zustand Luxemburgs es zum Objekt der Befriedung kraft ausdrücklichen (künstlichen) Ausschlusses der Verteidigung und der Feindseligkeiten macht. Ebenso muß hier Andorra, an das man vielleicht denken müßte, ausscheiden, denn dies ist gar kein selbständiger Staat. Aus der Geschichte aber sei hier der freie und unabhängige Stadtstaat **Krakau** erwähnt, dem freilich nur ein kurzes Leben beschieden war.

Eine vertragliche Regelung des rechtlichen Zustandes dieser Staaten in der hier interessierenden Richtung der Sicherstellung vor Feindseligkeiten hat nur für Krakau stattgefunden. Man kann daher bei den übrigen drei genannten Staaten (also Krakau ausgeschlossen), wenn auch von einem **natürlichen Ausschluß der Verteidigung** dieser Staaten, so doch nicht von **einem Ausschluß der Feindseligkeiten gegen diese Staaten** reden. Nur wenn man das letztere als das notwendige Korrelat des anderen ansieht mit der Begründung, daß die ganze politische Lage dieser Staaten so wie den von ihnen ausgehenden Angriff auch den auf sie gerichteten ausschlösse, dann könnte man von einer „natürlichen Befriedung" dieser Staaten reden. Diese Terminologie schließt sich an den Ausdruck „natürliche Neutralität" an, der gelegentlich für den Zustand dieser Staaten gebraucht wird[1]. Doch mag, wenn überhaupt, der Ausdruck „natürliche Befriedung" angebrachter erscheinen, da er begrifflich wie sprachlich in weit größerem Maße wie der Begriff „Neutralität" die unbedingte Friedlichkeit dieser Staaten bezeichnet.

Nur der der Geschichte angehörende **freie Staat Krakau** hat in der hier interessierenden Richtung eine vertragliche Regelung erfahren, die eine Anwendung des Begriffes der Befriedung auf ihn wahrscheinlich macht. Die Rechtsquellen für diese Frage sind die **Art. 6 ff. der Wiener Kongreßakte vom 9. Juni 1815**[2].

Nachdem Krakau bei der dritten polnischen Teilung im Jahre 1795 an Österreich gefallen und im Jahre 1809 durch Napoleon dem Herzogtum Warschau einverleibt war, schlossen am 3. Mai 1815 die Mächte der dritten polnischen Teilung, Preußen, Österreich und Rußland, einen Vertrag, dessen Inhalt dann bezüglich Krakaus in den Art. 6 ff. der Wiener Kongreßakte aufgenommen und so von allen Signatarmächten gebilligt wurde. Die wichtigsten Artikel lauten:

Art. 6. „La ville de Cracovie avec son territoire est déclarée à perpétuité cité libre, indépendante et strictement neutre, sous la protection de la Russie, de l'Autriche et la Prusse."

Art. 9. „Les Cours de Russie, d'Autriche et de Prusse s'engagent à respecter et à faire respecter en tous temps la neutralité de la ville libre de Cracovie et de son territoire. Aucune force armée ne pourra jamais y être introduite sous quelque prétexte que ce soit."

In dem Art. 9 wird man nun allerdings das eine Merkmal des Begriffs der Befriedung, nämlich das **Verbot der Feindseligkeiten** gegen das sicherzustellende Objekt erblicken können, doch dürfte es nicht möglich sein, in dem Art. 6 einen ausdrücklichen Ausschluß der Möglichkeit der Verteidigung zu

---

[1] z. B. Pradier § 3225.
[2] Literatur: Nuce, Notes S. 601; Ders., Droit Bd. III, 410; Pradier § 1005; Strupp I, 128; Milovanowitsch a. a. O. S. 303; Descamps a. a. O. S. 86 ff.

sehen. Ein ausdrückliches Verbot militärischer Organisation und der Anlage von Festungen usw., wie bei der Gestaltung der rechtlichen Lage Luxemburgs, mit dem ein Vergleich wohl sehr nahe liegt, hat hier nicht stattgefunden. Es fragt sich nur, ob nicht der ganze Sinn des Vertrages derart ist, daß eben ein **tatsächlicher Ausschluß der Möglichkeit der Verteidigung** gewollt und erreicht ist, und deswegen eine Befriedung geschaffen ist, die sich zusammensetzt aus dem Verbot der Feindseligkeiten gegen das zu sichernde Objekt (Art. 9 der Wiener Kongreßakte) und jenem natürlichen Ausschluß der Verteidigungsmöglichkeit im oben entwickelten Sinne. Nimmt man dies an, und die Tatsachen lassen dies wohl zu, so kann man davon reden, **daß in dem Freistaat Krakau zum ersten Male die Befriedung eines Staates verwirklicht wurde.**

Jedenfalls aber war das Leben dieses Staates nicht von langer Dauer. Schon 1830 wurde es militärisch von Rußland und später von Österreich besetzt, an das es dann tatsächlich auf Grund eines zwischen Rußland, Preußen und Österreich geschlossenen Vertrages vom 6. November 1846 kam. So wurde der Zustand des Jahres 1795 wiederhergestellt, nicht ohne Protest von seiten Englands und Frankreichs, die mit Recht darin eine Verletzung der Wiener Kongreßakte sahen, da alle Signatarmächte der Änderung hätten zustimmen müssen.

III.

Wendet man sich jetzt zu der Gruppe von Objekten, **deren Befriedung sich verwirklicht einerseits durch ausdrücklichen Ausschluß der Feindseligkeiten gegen sie, andererseits durch den begrifflichen Ausschluß der Verteidigung, weil eine Souveränität als Träger derselben fehlt,** so kommen hier zunächst einzelne Personen oder Personengruppen und einzelne bewegliche oder unbewegliche Sachen in Betracht. Gerade bei dieser Gelegenheit ist denn auch in der völkerrechtlichen Literatur häufig darauf hingewiesen, daß es sich bei derartigen Fällen nicht um Neutralität und Neutralisation handeln kann, und im Gegensatz zu den älteren offiziellen Dokumenten hat man denn auch diese Ausdrücke in den neueren Vorschriften über denselben Gegenstand vermieden. Hier ist auch zuerst der Ausdruck „Befriedung" und der Ausdruck „Unverletzlichkeit" (Inviolabilité) in der Literatur zu finden [1].

IV.

Als Verträge, an deren Bestimmungen sich die rechtliche Natur der Befriedung dieser Objekte entwickeln läßt, kommen folgende Abmachungen in Betracht:

1. **Die Gruppen von Verträgen, welche sich mit dem Schutze und der Pflege der Verwundeten im Kriege beschäftigen**[2].

Als erster in dieser Reihe ist zu nennen die **Genfer Konvention aus dem Jahre 1864** „Zur Linderung des Loses der im Felddienste verwundeten Militärpersonen".

Dort heißt es:

Art. 1. Die leichten und Hauptfeldlazarette (Les ambulances et les hôpitaux militaires) sollen als **neutral** anerkannt und demgemäß von den Kriegführenden geschützt und geachtet werden, solange sich Kranke oder Verwundete darin befinden.

Die „Neutralität" würde aufhören, wenn diese Feldlazarette mit Militär besetzt wären.

Art. 2. Das Personal der leichten und Hauptfeldlazarette, sowie die Feldprediger, nehmen solange an der Wohltat der „**Neutralität**" teil, als sie ihren Verrichtungen obliegen und als Verwundete aufzuheben oder zu verpflegen sind.

Art. 3. Die im vorhergehenden Artikel bezeichneten Personen können selbst nach der **feindlichen Besitznahme** fortfahren . . . ihrem Amte obzuliegen . . .

Art. 4. Das Material der Hauptfeldlazarette unterliegt den Kriegsgesetzen . . .

Ferner ist in dem **nicht ratifizierten Zusatzartikel vom 20. Oktober 1860** in Art. 2 von dem „neutralisierten"

---

[1] z. B. Pradier § 2854; Despagnet § 685; Nuce III S. 502ff.; besonders auch Travers Twiss, Annuaire 1879/80 S. 329 ff. u. a. m. bei der Besprechung der revidierten Genfer Konvention von 1906 im Gegensatz zur Konvention von 1864. Ungenau noch das Deutsche Reichsgesetz vom 22. März 1902 „Zum Schutze des Genfer Neutralitätszeichens".

[2] Literatur: v. Liszt § 40, 5; Holtzendorff Bd. IV S. 74ff.; Bonfils § 1100; Ullmann S. 151; Martens II, 114 und die dort erwähnten Schriftsteller. Text Martens I S. 8, 607; Fleischmann Nr. 20; Sauser-Hall, Des belligérents internés chez les neutres. Genfer Diss. 1910 S. 145 ff.

Personal und verschiedentlich in den Art. 5—7 von der „Neutralität" der Feldlazarette usw. die Rede.

Diese Bestimmungen der Genfer Konvention, die bisher nur für den Landkrieg galten, wurden dann durch das **dritte Abkommen der ersten Haager Friedenskonferenz auch auf den Seekrieg ausgedehnt.**

Dort heißt es:

Art. 1. Die militärischen Lazarettschiffe ..., diese Schiffe sind zu achten und dürfen während der Dauer der Feindseligkeiten nicht weggenommen werden.

Auch dürfen sie beim Aufenthalt in neutralen Häfen nicht nach den für Kriegsschiffe geltenden Regeln behandelt werden.

Art. 4. ... Die Regierungen verpflichten sich, diese Schiffe zu keinerlei militärischen Zwecken zu benutzen. Die Kriegsparteien üben ein Aufsichts- und Durchsuchungsrecht über sie aus.

Art. 7. Das geistliche, ärztliche und Lazarettpersonal weggenommener Schiffe ist unverletzlich und kann nicht kriegsgefangen gemacht werden ...

Art. 8. Die an Bord befindlichen Marine- und Militärpersonen, die verwundet oder krank sind, sollen von der Partei, die das Schiff genommen hat, ohne Unterschied der Nationalität geschützt und gepflegt werden.

Art. 9. Schiffbrüchige, Verwundete oder Kranke einer Kriegspartei, die in die Hände der anderen fallen, sind Kriegsgefangene ...

Schließlich haben die Artikel 14 und 15 der Haager Friedenskonferenz von 1907 eingehende Bestimmungen über die Aufnahme von Verwundeten im neutralen Lande und den Durchmarsch von Verwundetentransporten getroffen.

Überblickt man nun die angeführten Bestimmungen, so ergibt sich, daß eine bestimmte Personengruppe und bestimmte Gegenstände vor Feindseligkeiten geschützt sind, aber in einer Weise, daß von Neutralität oder Neutralisierung derselben nicht die Rede sein kann. Mit Recht hat denn das Haager Abkommen von 1899 und 1907 sowie die revidierte Genfer Konvention von 1906 an die Stelle der fälschlich angewandten Worte „Neutralität" und „neutralisiert" in der Genfer Konvention von 1864 die Ausdrücke „Schutz und Unverletzlichkeit" (Art. 8) oder „Achtung" (Art. 1) gesetzt oder den Zustand der Lazarette, Ärzte, Prediger und Verwundeten in rechtlicher Beziehung lediglich umschrieben. Auch muß darauf hingewiesen werden, daß häufig (so in Art. 1, 3, 6 des dritten Abkommens der Haager Friedenskonferenz von 1899 und dem Art. 14, 15 der Haager Friedenskonferenz von 1907) von den Neutralen im Gegensatz zu den unverletzlichen und geschützten Personen oder Gegenständen die Rede ist.

Die Sicherung der Verwundeten, der Ärzte, Prediger einerseits und Feldlazarette und Lazarettschiffe andererseits vor Feindseligkeiten hat denn auch aus den verschiedensten Gründen mit dem Begriff der Neutralität nichts gemein. Sowohl die Verwundeten wie die Ärzte und Prediger der Kriegführenden bleiben auch in dieser Eigenschaft Feinde als Untertanen der feindlichen Macht. Sie werden behandelt nach dem Grundsatze: „hostes dum vulnerati fratres". Feinde bleiben sie, aber sie werden geachtet und gepflegt ohne Unterschied der Nationalität[1]. Es ist ganz unmöglich, von ihnen als Neutralen zu sprechen, denn Neutrale sind lediglich die Untertanen einer unparteiischen Macht, wie denn auch die Ärzte, Prediger der neutralen Macht, die sich in den Dienst des Roten Kreuzes gestellt haben[2], tatsächlich Neutrale sind und auch bleiben. Vollends unpassend aber ist der Ausdruck „neutral" für die Lazarette und Schiffe, welche der Aufnahme von Verwundeten dienen, sowie der anderen Materialien der Krankenpflege. Denn Neutralität ist eine Rechtsbeziehung von Staat zu Staat. Sie bedeutet, wie im zweiten Kapitel entwickelt wurde, das unparteiische Verhalten des Staates gegenüber den Kriegführenden in Ausführung des aus der Souveränität fließenden Rechts der freien Selbstbestimmung über Krieg und Frieden. Die durch die Abmachungen der Genfer Konvention unter Schutz gestellten Personen oder Gegenstände können aber weder Subjekte eines derartigen Neutralitätsverhältnisses sein, denn als solche können begrifflich nur souveräne Staaten in Betracht kommen, noch sind sie Objekte der Wirkungen des Neutralitätsverhältnisses, weil sie rechtlich keine Beziehung zu einem unparteiischen Staate haben. Ihr

---

[1] Dieses Sprichwort setzt Schopfer a. a. O. gewissermaßen als Motto über die Genfer Konvention.

[2] Man denke nur an die Sendungen des Roten Kreuzes aus den verschiedenen westeuropäischen Staaten in den Balkankrieg.

Zustand ist vielmehr derart, daß einerseits die Feindseligkeiten gegen sie ausgeschlossen sind, andererseits sie selbst begrifflich gar nicht in der Lage sind, Feindseligkeiten auszuüben. Will man aber den hier zum Unterschied von Feindseligkeiten (unter denen nur das aggressive Vorgehen verstanden wurde) gebrauchten Ausdruck „Verteidigung" einsetzen, so muß man sagen: **die genannten Personen und Gegenstände sind zugleich begrifflich von der Möglichkeit der Verteidigung ausgeschlossen: Diese beiden Elemente erfüllen aber den Begriff der Befriedung.**

Zahlreiche tatsächliche Vorschriften stützen die vertretene Ansicht und beweisen, daß von Neutralität nicht die Rede sein kann. Nach Art. 3 und 4 der Konvention von 1864 und Art. 4 des dritten Haager Abkommens unterliegen die Kriegslazarette der feindlichen Besetzung und Durchsuchung und das Material den Kriegsgesetzen! **Stünden diese Gegenstände unter Neutralitätsrecht, so wäre das unmöglich.** Art. 7 des dritten Haager Abkommens sagt ausdrücklich hinsichtlich des ärztlichen und geistlichen Personals, daß es nicht kriegsgefangen gemacht werden dürfe: **Wären diese Personen Neutrale, so wäre das selbstverständlich.** Andererseits werden die verwundeten Militärpersonen, die doch gerade „ohne Unterschied der Nationalität gepflegt und geschützt werden", d. h. eben unter die Grundsätze der Befriedung gestellt sind, **als Kriegsgefangene angesehen**, wenn sie in die Hände des Feindes gefallen sind: sie sind eben Feinde, nicht Neutrale. Schließlich bedürfte es keiner ausdrücklichen Erlaubnis für die Aufnahme von Verwundeten und den Durchzug von Verwundetentransporten in neutralem Gebiet, wenn die genannten Personen und Gegenstände wirklich neutral wären!

Danach erscheint es unzweifelhaft, daß die Sicherung der in der Genfer Konvention und den verwandten Abkommen geschützten Personen und Gegenstände unter einen ganz anderen Begriff als den der Neutralität fallen. Es handelt sich vielmehr um die **rechtliche Erscheinungsform der Befriedung, da die zu sichernden Objekte einerseits gegen Feindseligkeiten gesichert sind, andererseits eine Verteidigungsmöglichkeit im oben entwickelten Sinne sich begrifflich für sie ausschließt.**

V.

Als zweite Reihe von praktischen Beispielen für die entwickelten Grundsätze kommt die Gruppe von Verträgen in Betracht, welche gewisse internationale Kommissionen (Personal und Anlagen) in Schutz nehmen.

An erster Stelle stehen hier die Abmachungen über die internationalen Ströme, d. h. solcher schiffbaren Ströme, die durch das Gebiet mehrerer Staaten fließen und in das offene Meer münden. Diese werden seit 1648 beherrscht von dem Grundsatz der freien Schiffahrt für alle Nationen, der zuerst für die deutschen Flüsse ausgesprochen wurde und dann allmählich völkerrechtlicher Grundsatz geworden ist. Dieser Grundsatz der freien Schiffahrt ist oft dahin erweitert, daß die Ufer der Ströme der Souveränität der Uferstaaten entzogen und unter die Aufsicht von Kommissionen gestellt sind, die selbst nebst den durch sie hergestellten Anlagen vor Feindseligkeiten gesichert werden[1]. Auch für diese Regelung paßt der Ausdruck „Befriedung", denn auch hier handelt es sich um Personen und Gegenstände, die einerseits vor Feindseligkeiten sichergestellt sind, und für die andererseits eine Verteidigung sich begrifflich ausschließt, da sie nicht Träger von Souveränitätsrechten sein können.

Als Rechtsquellen kommen in Betracht:

1. Rhein.

Art. 26, II der Rheinschiffahrtsakte vom 24. März 1815.

Art. 26, II: „Les embarcations et personnes employés au service de l'octroi pourront jouir de tous les privilèges de la neutralité."

Art. 108 der Rheinschiffahrtsordnung von 1831 bestimmte:

„... Den im Verwaltungsdienste der Rheinzollabgaben verwendeten Schiffen und angestellten Personen kommen alle Vorrechte der Neutralität zustatten."

Die Rheinschiffahrtsakte von 1868 hat diese Bestimmung nicht aufgenommen.

---

[1] Vgl. v. Liszt § 27, der von einer sogenannten „Neutralität" spricht.

2. Donau.

Zunächst der Pariser Frieden vom 30. März 1856.

Art. 15 Abs. I erhebt den in der Wiener Kongreßakte aufgestellten Grundsatz der freien Schiffahrt zu einem Rechtssatz des öffentlichen europäischen Rechts.

Art. 16 enthält die Bestimmungen über die Einsetzung der internationalen Kommission.

Sodann die Schiffahrtsakte für die Donaumündungen vom 2. November 1865. Titel 3, überschrieben „Neutralität" (vgl. auch Zusatz, Abkommen vom 28. Mai 1881, Art. I):

Art. 21: „Die von der europäischen Kommission ... etwa noch auszuführenden Werke und Etablissements jeder Art ... sollen der im Art. 11 des gedachten Vertrages verabredeten Neutralität teilhaftig sein und im Kriegsfalle von allen Kriegführenden gleichmäßig geschont werden."

Ferner der Pontusvertrag vom 13. März 1871.

Art. 7: „Alle durch die europäische Kommission ... errichteten Werke und Etablissements werden fortfahren, sich derselben Neutralität zu erfreuen, welche sie bisher geschützt hat ... Die Wohltat der daraus entspringenden Privilegien wird sich auf das gesamte Verwaltungs- und technische Personal der Kommission erstrecken ..."

Zur weiteren Sicherstellung der Donau vor Feindseligkeiten hieß es im Berliner Vertrage vom 13. Juli 1878:

Art. 52: „Um die Sicherheiten zu verstärken, welche für die als im Interesse Europas liegend erkannte Freiheit der Schiffahrt auf der Donau bestellt sind, bestimmen die Hohen Vertragschließenden Teile, daß alle Festungen und Befestigungen, welche sich an dem Laufe des Flusses vom Eisernen Tor ab bis zu seinen Mündungen befinden, geschleift und neue nicht angelegt werden sollen. Kein Kriegsschiff darf die Donau abwärts des Eisernen Tores befahren mit Ausnahme der leichten, für die Flußpolizei und den Zolldienst bestimmten Fahrzeuge."

3. Kongo.

Kap. 4 der Kongoakte vom 26. Februar 1875:

Art. 18: „Die Mitglieder der internationalen Kommission sowie die von ihr ernannten Agenten sind in der Ausübung ihrer Funktionen mit dem Privileg der Unverletzlichkeit bekleidet.

Der gleiche Schutz soll sich auf die Amtsräume, Bureaus und Archive der Kommission erstrecken."

Art. 25: „Die Bestimmungen der gegenwärtigen Schiffsakte sollen in Kriegszeiten in Kraft bleiben ..."

4. Niger.

Kap. 5 der Kongoakte vom 26. Februar 1885.

Art. 33: „Die Bestimmungen der gegenwärtigen Schiffsakte sollen in Kriegszeiten in Kraft bleiben.

Demgemäß soll auf dem Niger, seinen Verzweigungen und Nebenflüssen ... die Schiffahrt aller Nationen, neutraler wie kriegführender, zu jeder Zeit für den Gebrauch des Handels frei sein."

In allen diesen Bestimmungen zeigt sich das Bestreben zugunsten der Festigung des Prinzips der freien Schiffahrt, Personen und Gegenstände vor allen Feindseligkeiten zu sichern und so einen Zustand zu schaffen, der ganz nach den Grundsätzen über die Befriedung zu beurteilen ist. Die Kongoakte bedarf in dieser Richtung ganz besonderen Interesses, denn wie schon oben (im zweiten Kapitel Nr. IV und dritten Kapitel Nr. II) gezeigt, enthält sie zahlreiche, hier in Betracht kommende Erscheinungsformen des Gedankens einer Beschränkung des Krieges — Art. 10: Neutralisation, Art. 11: Begrenzung des Kriegsschauplatzes —, und nun in den Art. 18, 25 und 33 ein typisches Beispiel für die Befriedung kraft Ausschluß der Feindseligkeiten und kraft begrifflichen Ausschlusses der Verteidigung. Schließlich muß auch noch darauf hingewiesen werden, daß neben der Befriedung von Personen und Gegenständen auch eine Befriedung von Gebieten geschaffen wird, nämlich durch das Verbot der Befestigungen in Art. 52 des Berliner Vertrages von 1878 und Art. 25 der Kongoakte, in dem das Kriegsrecht in dem Flußgebiet ausgeschlossen wird, bis auf das Recht der Kriegskonterbande. Diese letzten Bestimmungen sind also Fälle der Befriedung kraft Ausschluß der Feindseligkeiten und Ausschluß der Verteidigung infolge ausdrücklichen Verbots. Auf diese Art der Befriedung wird später noch eingegangen werden.

VI.

Hierher gehören auch die Gruppen von Verträgen, welche einzelne Bauten allein befrieden.

a) **Befriedung der Bauten am Süßwasserkanal von Suez.** Dem Grundsatz der freien Schiffahrt auf den internationalen Strömen entspricht der Grundsatz der freien Verkehrsbefugnis auf den meerverbindenden Welthandelsstraßen, wie sie in den künstlichen Kanälen von Suez und Panama geschaffen sind. Auf die Verwirklichung dieser Idee wird später erst eingegangen werden können[1], weil es sich dabei um Fälle handelt, in denen das zweite Mittel zur Erreichung der Befriedung Anwendung gefunden hat: ausdrücklicher Ausschluß der Feindseligkeiten wie des Verteidigungsrechts. Hier ist auf die Verträge zur Regelung des Verkehrs auf dem Suez- und Panamakanal nur insoweit einzugehen, als sich in ihnen Vorschriften finden, **durch die unabhängig von der allgemeinen rechtlichen Lage des ganzen Kanalgebietes einzelne Bauten der Kanalanlagen vor Feindseligkeiten sichergestellt sind.** Nur die rechtliche Lage dieser einzelnen Bauten und Anlagen kann hier besprochen werden, weil es sich bei ihnen um die hier zunächst entwickelte Erscheinungsform der **Befriedung kraft ausdrücklichen Ausschlusses der Feindseligkeiten und begrifflichen Ausschlusses der Verteidigungsmöglichkeit** handelt.

Nach der hier vertretenen Ansicht ist das ganze Kanalgebiet des Meerkanals von Suez befriedet, nicht dagegen der Süßwasserkanal. Trotzdem aber sind die Bauten des Süßwasserkanals vor Feindseligkeiten sichergestellt.

Art. 3. Die H. V. T. verpflichten sich desgleichen, das Material, die Anstalten, Bauten und Arbeiten des Süßwasserkanals zu respektieren.

Sehr mit Recht ist hier nicht die Rede von Neutralisation. Das Wort „respektieren" ist mit voller Absicht gebraucht. Das wird bei Besprechung der rechtlichen Lage des Suezkanals noch eingehend erörtert werden. Hier sei nur betont, daß es sich im Gegensatz zur Befriedung kraft ausdrücklichen Ausschlusses der Feindseligkeiten und des Verteidigungsrechts, wie es sich bei der Befriedung des Meerkanals von Suez zeigen wird, hier eine Befriedung kraft begrifflichen Ausschlusses der Verteidigungsmöglichkeit und des Verbots von Feindseligkeiten

---

[1] Vgl. Viertes Kapitel Nr. XVI.

handelt. Deshalb ist dieser Artikel des Suezkanalvertrages hier aufgeführt.

Dasselbe muß aber auch auf Grund des Art. III Z. 6 des Hay-Pauncefote-Vertrages von den Bauten des Panamakanals gelten, soweit sie zum Betriebe des Kanals dienen. Nach der hier vertretenen Ansicht (vgl. 4. Kap. Nr. XVI) ist nämlich das Gebiet des Panamakanals im ganzen nicht befriedet, trotzdem ist aber für die Kanalbauten folgende Regelung getroffen:

Art. 3 Z. 6: „The plant, establishments, buildings and all works necessary to the construction, maintenance and operation on the canal ... in time of war as in time of peace, shall enjoy complete immunity from attack or injury by belligerents and from acts calculated to impair their usefulness as part of the canal."

Durch diese Vorschriften sind also einzelne zum Kanalgebiet notwendige Bauten durch ausdrückliche Verbote der Feindseligkeiten gegen sie vor Angriffen sichergestellt, während andererseits eine Verteidigungsmöglichkeit sich begrifflich für sie ausschließt. Deshalb liegt auch hier ein Fall der Befriedung kraft ausdrücklichen Verbots der Feindseligkeiten und kraft begrifflichen Ausschlusses der Verteidigungsmöglichkeit vor.

b) Der Gotthardbahnvertrag vom 3. Oktober 1909[1].

Der Art. 3 bestimmt: „Von Fällen höherer Gewalt abgesehen, wird die Schweiz den Betrieb der Gotthardbahn gegen jede Unterbrechung sicherstellen (und in allen Teilen den Anforderungen entsprechen, welche mit Recht an eine große internationale Linie gestellt werden können)[2].

Die Schweiz hat jedoch das Recht, die zur Aufrechterhaltung

---

[1] Vgl. v. Liszt § 29; Strupp 1 Nr. 45; RGBl. von 1871 S. 378 und 1913 S. 719; v. Martitz, Der Gotthardbahnvertrag vom 13. Okt. 1909, Brunner-Festschrift 1914 S. 405 ff.

[2] Der eingeklammerte Zusatz stammt aus dem a. 6 des ersten Gotthardbahnvertrags vom 15. Okt. 1869. Der dort gebrauchte Ausdruck „internationale Bahnlinie" ist im Anschluß an den Begriff der internationalen Flüsse eine durchaus richtige Analogie, während sonst häufig das Wort „international" gebraucht wird, wo es im technischen Sinne durchaus unangebracht ist, z. B. für die Kanäle von Suez und Panama, die durchaus nationale Kanäle sind, da sie durch das Gebiet nur eines Staates führen. Der Ausdruck „international" im juristischen Sinne ist lediglich vom territorialen Gesichtspunkt zu beurteilen.

der Neutralität und zur Verteidigung des Landes nötigen Maßregeln zu treffen."

Es ist hier interessant, daß die neutralisierte Stellung der Schweiz in Gegensatz gestellt wird zu der rechtlichen Lage der internationalen Bahnlinie[1]. Die Sicherstellung der Bahn „gegen jede Unterbrechung" ist ein Fall der Befriedung, d. h. der Sicherstellung eines Objektes vor kriegerischen Ereignissen durch Verbot der Feindseligkeiten bei begrifflichem Ausschluß der Möglichkeit der Verteidigung, der rechtliche Zustand der Schweiz, der eines neutralisierten Staates, der sich hier vorbehält, die Pflichten der Verteidigung seines neutralisierten Zustandes über die Pflichten der Verteidigungslosigkeit des befriedeten Gegenstandes stellen zu dürfen.

c) Die rechtliche Lage des Leuchtturms vom Kap Spartel[2].

Twiss stellte dem Institut du droit international bei seinem Bericht über den Suezkanal den rechtlichen Zustand des Leuchtturms vom Kap Spartel als Musterbeispiel für diejenige internationale Regelung hin, die auch der Suezkanal erfahren müsse, und wendet sich bei dieser Gelegenheit, wie überhaupt bei der ganzen Lehre von der Sicherstellung des Kanals, mit Entschiedenheit gegen den Ausdruck „Neutralisation" (vgl. unten die Besprechung der rechtlichen Lage des Suezkanals). Damals war für den Leuchtturm noch der Vertrag vom Jahre 1865 in Geltung[3].

Art. 1. „S. M. Shérifienne ayant dans un intérêt d'humanité, ordonné la construction, ... d'un phare au Cap Spartel."

Art. 3. „D'un autre côté, les puissances contractantes s'engagent, chacune en ce qui la concerne, à respecter la neutralité du phare ..."

Unter dem 27. Februar 1892 wurde dann ein neuer Vertrag abgeschlossen, der im Art. 7 Abs. IV den rechtlichen Zustand regelt, der heute noch in Gültigkeit ist. Der Inhalt des Vertrags ist in der hier interessierenden Richtung dahin geändert, daß laut Art. 7: „En cas de guerre à la demande d'une des puissances intéressées le sémaphore sera fermé."

---

[1] Siehe Anm. 2 auf S. 61 dieser Arbeit.
[2] Annuaire 1879/80 Bd. I, 329 ff., insbesondere 340 ff.
[3] RG. I, 289. Signatarmächte waren fast alle europäischen Staaten.

Hier zeigt sich wiederum deutlich, wie wenig dieser rechtliche Zustand mit dem der Neutralisation gemeinsam hat: selbst wenn der Sultan von Marokko Kriegführender wäre, würde das Seezeichen nicht Gegenstand der feindlichen Angriffe sein, andererseits müßte, selbst wenn der Sultan neutral wäre, das Semaphor auf Verlangen geschlossen werden! Beides Tatsachen, die sowohl dem Wesen der Neutralität wie dem der Neutralisation ganz zuwiderlaufen würden. Vielmehr ist der Leuchtturm von Kap Spartel befriedet.

VII.

Die Fälle, in denen die Sicherstellung von Gebieten, Personen oder Gegenständen vor kriegerischen Verwicklungen dadurch erreicht wird, daß einerseits die Feindseligkeiten ausgeschlossen werden, andererseits aber im Gegensatz zur Neutralität und Neutralisation das Recht und die Pflicht der Verteidigung sich begrifflich ausschließt, da es an einem Träger des Verteidigungsrechts fehlt, werden voraussichtlich demnächst noch um einen interessanten Fall vermehrt werden. Gemeint ist die voraussichtliche rechtliche Lage von Spitsbergen[1]. Der Text des Vorentwurfs vom 26. Januar 1912[2] in einem auf die hier in Betracht kommenden Fragen zugeschnittenen Anzug lautet:

Vorrede: „Désirent de conserver à ses îles leur caractère de terra nullius.

Art. 1: Le Spitsbergen demeura terra nullius. Il ne pourra ni en tout ni en partie être annexé par aucun Etat, ni être soumis sous quelque forme que ce soit à la souveraineté d'une Puissance quelconque.

Art. 3: En cas de guerre le Spitsbergen sera toujours considéré comme territoire neutre. Toute acte contraire à la neutralité sera interdit.

Art. 6: Une commission internationale sera chargée de l'administration de Spitsbergen et exercera les pouvoirs définis par la présente convention."

---

[1] Hagerup, Jahrb. I, 1231, legt Wert auf die Schreibweise Spitsbergen.

[2] Jahrb. I, 141. Die Vertragsstaaten sind Rußland, Schweden und Norwegen.

Hier handelt es sich also um ein Gebiet, das ausdrücklich jeder Souveränität irgend eines Staates entzogen ist. Souveräne Rechte in diesem Gebiet übt niemand aus: auch die internationale Kommission nicht, denn ihre Rechte sind eng begrenzte. Trotzdem also ein Träger der obersten Staatsgewalt fehlt, soll ein Zustand geschaffen werden, der im Erfolg der einer „Neutralisation" völlig gleichkommen soll. Wo aber kein Träger einer Staatsgewalt ist, kann es auch keine Neutralisation oder Neutralität geben, da diese wesentliche Grundlage dieser Begriffe ist. Wenn trotzdem das politische Ziel einer Sicherstellung jenes Gebietes von Feindseligkeiten erreicht werden sollte, mußte eine andere juristische Form gewählt werden. Diese ist gefunden in dem Begriff der Befriedung. Die Ausdrücke „territoire neutre" oder „neutralité" sind ungenau; sie ändern aber natürlich nichts an dem rechtlich anders zu beurteilenden Zustand von Spitsbergen.

VIII.

Hier wie überall in den bis jetzt angeführten Verträgen war das politische Ziel eine Beschränkung des Krieges. Dies Ziel wurde nun bei den Rechtsbeziehungen von Staat zu Staat als ganzen entweder dadurch erreicht, daß ein Staat durch Ausübung seines souveränen Rechtes der freien Selbstbestimmung über Krieg und Frieden die Grundlage für sein unparteiisches Verhalten während der Dauer eines bestimmten Krieges legte: Neutralität. Oder man verwirklichte denselben politischen Gedanken durch eine andere juristische Form, indem ein Staat durch Verträge mit den anderen Staaten der Völkergemeinschaft sein souveränes Recht der Kriegführung dauernd beschränkte und auch für Friedenszeiten sich Pflichten auferlegte: Neutralisation. In beiden Fällen aber wurde die Souveränität des Staates qualitativ dadurch nicht beeinträchtigt und es blieb ihm also das Recht der kriegerischen Verteidigung erhalten. Überall da aber, wo das Objekt, das durch Verbot der Feindseligkeiten vor kriegerischen Verwicklungen bewahrt werden sollte, begrifflich gar nicht die Eigenschaft der Souveränität und deshalb das Recht der Verteidigung in sich trug, mußte ein anderer rechtlicher Begriff gefunden werden, um die erstrebten tatsächlichen Wirkungen einer Beschränkung des Krieges zu erreichen. Diese andere Erscheinungsform des Gedankens einer Beschränkung des Krieges, wie man sie in den angeführten Verträgen verwirklicht sieht, ist hier in ihrer systematischen Stellung entwickelt und mit dem Ausdruck „Befriedung" gekennzeichnet.

IX.

Wenn jetzt diejenigen Verträge dargestellt werden sollen, in denen die Befriedung dadurch erreicht wird, daß einerseits die Feindseligkeiten ausgeschlossen werden und andererseits das Verteidigungsrecht, das an und für sich vorhanden wäre, durch ausdrückliches Verbot aufgehoben wird, so müssen von vornherein hier diejenigen Verträge außer Betracht bleiben, welche lediglich Befestigungsverbote enthalten. Denn dieses ist keineswegs gleichbedeutend mit Ausschluß der Feindseligkeiten und Ausschluß des Verteidigungsrechtes. Das Befestigungsverbot ist ein Minus gegenüber jenen Bestimmungen, und dies reicht nicht zur Befriedung eines Gebietes aus. Deshalb ist für diese Verträge hier kein Platz und sie sollen nur zugleich mit den Verträgen über die Grenzschutzstreifen als verwandte Bestimmungen im letzten Kapitel der Arbeit aufgeführt werden.

Von dieser Befriedung nun, die neben dem Ausschluß der Feindseligkeiten das an sich vorhandene Verteidigungsrecht durch ausdrückliches Verbot ausschließt, können ganze Staaten oder nur einzelne Gebiete ergriffen werden. Der durch diese Mittel vor kriegerischen Verwicklungen sichergestellte Staat wird begrifflich abgegrenzt von dem neutralisierten dadurch, daß die Pflicht und das Recht der kriegerischen Verteidigung dem letzteren verliehen ist, während es dem ersteren ausdrücklich versagt ist. Die Neutralisation ist eine Einschränkung der Souveränität eines Staates in seinem Verhältnis zu anderen Staaten, indem die Staaten sich als Subjekte des Rechtsverkehrs gegenüberstehen. Bei der Neutralisation sind dem Staate als Subjekt Rechte und Pflichten gegeben. Die Befriedung eines Staates aber ist eine Beschränkung, die sich richtet gegen den Staat als Objekt, es ist dies eine territoriale Beschränkung, die der Staat gegen sich selbst als Objekt sich auferlegt sieht.

Man könnte versucht sein, diesen Zustand des Staates als eine Neutralisation verstärkt durch das Verbot der Befestigung anzusehen oder, wie man gesagt hat, als eine strengere Form der Neutralisation. Da aber das Recht der Verteidigung begrifflich ein entscheidendes Merkmal sowohl des neutralen wie des neutralisierten Zustandes ist, so kann von diesem da keine Rede sein, wo dieses Recht der Verteidigung fehlt; **vielmehr fällt dieser Zustand unter den Begriff der Befriedung.**

Wenn aber **einzelne Gebiete** auf dem erwähnten Wege vor kriegerischen Störungen bewahrt sind, so kann für diese aus einem dreifachen Grunde auch nur der Begriff der Befriedung passend sein: 1. aus dem eben angeführten, der naturgemäß eben so für Staaten als ganze wie für dessen einzelne Gebiete gilt, und 2. deshalb, weil es gegen den Grundsatz von der Einheitlichkeit des Staatsgebietes und der Unbeschränkbarkeit des Neutralisationsbegriffes im oben entwickelten Sinne (drittes Kapitel Nr. IV) verstoßen würde, wenn einzelne Staatsteile neutralisiert wären. Schließlich würden sich auch, gesetzt, es gäbe neutralisierte Staatsteile, die Pflichten in diesen sich mit den Pflichten in den befriedeten Gebieten gar nicht decken. Aus einem neutralisierten Staatsteil nämlich dürfte der Staat sich keine Kriegsmaterialien verschaffen oder Aushebungen in ihm veranstalten od. dgl., diese „friedliche Unterstützung" aber aus dem befriedeten Gebiete ist durchaus erlaubt.

X.

Nach dieser theoretischen Auseinandersetzung über den Begriff der Befriedung von Staaten oder Staatsteilen auf dem Wege des ausdrücklichen Verbots der Feindseligkeiten und des Ausschlusses der Verteidigung infolge ausdrücklicher Vorschrift sollen als praktische Beispiele die zur Verwirklichung dieses Gedankens geschlossenen Verträge aufgeführt werden.

Als befriedeter Staat in diesem Sinne kommt heute allein Luxemburg in Betracht. Die Rechtsquelle für den rechtlichen Zustand dieses Staates ist der Londoner Vertrag vom 11. Mai 1867.

Art. 2: „Le Grand-Duché de Luxembourg, dans les limites déterminées par l'acte annexé aux Traités du 19 avril 1839 sous la garantie des Cours d'Autriche, de France, de la Grande-

Bretagne, de Prusse et de Russie, formera désormais un État perpétuellement neutre.

Il sera tenu d'observer cette même neutralité envers tous les autres États.

Les Hautes Parties Contractantes s'engagent à respecter le principe de neutralité stipulé par le présent Article.

Ce principe est et demeure placé sous la sanction de la garantie collective des Puissances signataires du présent Traité à l'exception de la Belgique, qui est elle-même un État neutre."

Textkritisch sei hier bemerkt, daß, abgesehen von dem ungenauen Ausdruck „perpétuellement neutre", vor allem der Abs. II ein unnötiger Zusatz ist, denn eine Neutralisation, die nicht doppelseitige Pflichten im Gefolge hätte, gibt es nicht: der Ausdruck „neutralité perpétuelle" im ersten Absatz macht den zweiten überflüssig.

Nun folgt Art. 3, in dem das Wesen dieser „neutralité perpétuelle" erläutert wird.

Art. 3: „Le Grand-Duché de Luxembourg étant neutralisé, aux termes de l'article précédent, le maintien ou l'établissement de places fortes sur son territoire devient sans nécessité comme sans objet.

En conséquence, il est convenu d'un commun accord que la ville de Luxembourg, considérée par le passé, sous le rapport militaire, comme forteresse fédérale, cessera d'être une ville fortifiée.

Sa Majesté le Roi Grand-Duc se réserve d'entretenir dans cette ville le nombre de troupes nécessaire pour y veiller au maintien du bon ordre."

Diese Erläuterung des im zweiten Artikel festgelegten Grundsatzes der „Neutralität" durch den dritten Artikel zeigt, daß es sich nach der hier vertretenen Ansicht in Wirklichkeit um eine Befriedung Luxemburgs[1] handelt, wie es aus den obigen theoretischen Ausführungen hervorgeht: das Verbot der Ver-

---

[1] Anders die herrschende Lehre: z. B. Vampach, Das neutr. Luxemburg 1900; Eyschen, Das Staatsrecht des Großherzogtums Luxemburg 1910 im öffentl. R. d. G. Bd. 11; Descamps a. a. O. S. 101 ff.; Texte Strupp I, 249; Fleischmann Nr. 23.

teidigung läuft der grundsätzlichen Auffassung vom Wesen der Neutralisation zuwider.

Die Richtigkeit der hier vertretenen Ansicht mag noch gestützt werden durch die Bemerkung, die der belgische Vertreter zu der Fassung des Art. 3 machte [1]. Er wandte sich gegen die Fassung „en conséquence il est convenu ... la ville de Luxembourg ... cessera d'être une ville fortifiée" ... mit den Worten: „il est bien entendu que l'art. 3 ne porte point atteinte au droit des autres puissances neutres de conserver, et au besoin d'améliorer leurs places fortes et autres moyens de défense."

Geffcken (bei Holtzendorff Bd. 4, 635) will übrigens das Verbot der Truppenorganisation nur auf die Stadt Luxemburg, nicht auf den ganzen Staat ausgedehnt wissen. Daß dies nicht richtig ist, zeigt der Satz, der überhaupt militärische Anlagen verbietet. Wäre aber die Ansicht Geffckens richtig, so würde es sich nur um ein Befestigungsverbot und nicht um eine Befriedung handeln. Gerade diese unrichtige Auffassung der Bestimmungen des Vertrages zeigt hier den Unterschied zwischen Neutralisation nebst räumlich begrenztem Befestigungsverbot einerseits und Befriedung andererseits.

Dieses Verbot der Verteidigung macht eben aus einer Neutralisation eine Befriedung und ein Ausdruck wie „neutralisation désarmée" ist ebenso ein Widerspruch wie etwa „neutralité bienvieillante" oder „permanente". Andere sprechen von einer strengeren Form der Neutralisation [2] oder von einer „völlig friedlichen" (passigéra radicale) [3]. Alle diese Ausdrücke sind nach der hier vertretenen Ansicht zu vermeiden, weil diese Zusätze dem Begriff der Neutralisation zuwiderlaufen.

Der Staat, der auf das Recht der Verteidigung verzichtet hat, ist ein besonderer Typus, ist ein befriedeter Staat.

XI.

Wenn jetzt zur Darstellung der Verträge über einzelne Gebiete geschritten werden soll, um die Befriedung in oben theoretisch entwickeltem Sinne an praktischen Beispielen zu er-

---

[1] Prot. 4 der Londoner Konf. vom 11. Mai 1867 (Rupert).
[2] So z. B. Descamps a. a. O. S. 71 ff.
[3] Quabbe S. 129 und Hagerup, R. a. a. O. S. 579 ff.

läutern, so werden zunächst die Verträge vorangestellt, in denen einzelne Landgebiete befriedet werden, um dann später ihnen die befriedeten Wasserstrecken gegenüberzustellen, denen besondere Merkmale gemeinsam sind.

1. Als erstes Beispiel für ein befriedetes Gebiet sei die heutige rechtliche Lage von Chablais und Faucigny besprochen[1].

Die Versuche, jene Gebiete vor allen Feindseligkeiten zu bewahren, gehen schon sehr weit in der Geschichte zurück. Bereits am 21. Juni 1603 schloß der Herzog von Savoyen mit dem siegreichen Genf einen Vertrag, dessen Art. 10 lautete[2]:

„S. A. le duc se contente de ne faire assemblée de gens de guerre ni fortifications, ni tenir garnison à quatre lieux près ladite ville de Genève."

Ähnlich bestimmt ein Frieden vom 10. Mai 1610, daß Savoyen sich gänzlich friedlich verhalten solle und 1500 Schweizer zum Schutze von Chablais in das Gebiet einrücken sollten, das von den spanischen und französischen Truppen geräumt wurde. Im Anfang des 18. Jahrhunderts wurden dann abermals Versuche in dieser Richtung gemacht, die jedoch ebenfalls scheiterten. **Dem Wiener Kongreß war es vorbehalten, hier eine endgültige Regelung zu treffen.** Die Wiener Kongreßakte vom 9. Juni 1815 lautete in Art. 92:

„Les pronvinces de Chablais et du Faucigny, et tout le territoire de Savoie au nord d'Ugine, appartenant à S. M. le roi de Sardaigne, feront partie de la neutralité de la Suisse, telle qu'elle est reconnue et garantie par les puissances.

En conséquence toutes les fois que les puissances voisines de la Suisse se trouvèrent en état d'hostilité ouverte ou imminente les troupes de S. M. le roi de Sardaigne qui pourraient se trouver dans ces provinces, se retireront, et pourront à cet effet passer par le Valais, si cela devient nécessaire; aucunes autres troupes armées d'aucune autre puissance ne pourront traverser ni stationner dans les provinces et territoires susdits, sauf celles que la confédération suisse jugerait à propos d'y

---

[1] Literatur: Usanaz-Jovis, De la neutralisation de la Savoie 1901; Geffcken a. a. O. § 136; Descamps a. a. O. S. 26 ff.; Texte Martens II, 379 ff.; Fleischmann Nr. 2 und Strupp I, 144 ff.

[2] Vgl. hierzu Usanaz S. 10 ff.

placer; bien entendu que cet état de choses ne gêne en rien l'administration de ces pays, où les agents civils de S. M. le roi de Sardaigne pourront aussi employer la garde municipale pour le maintien du bon ordre."

Der zweite Absatz erläutert, in welcher Weise Chablais in die Neutralität der Schweiz aufgenommen werden soll. Es ist einfach ein vollkommener Ausschluß von Feindseligkeiten aus diesem Gebiet zugleich mit dem Verbot von militärischen Anlagen, während es die Aufgabe der Schweiz ist, die Durchführung dieser Bestimmungen nötigenfalls durch Einmarsch zu sichern. Von einer „Teilnahme an der Neutralität der Schweiz" kann gar nicht die Rede sein. Denn die Lage von Chablais ist eine ganz andere. Vor allem aber dadurch, daß ein ausdrückliches Verbot aller militärischen Garnisonen und Depots gegeben ist und damit ein völliges Verteidigungsverbot geschaffen wurde. **Chablais ist ein befriedeter Gebietsteil eines Staates, die Schweiz ein neutralisierter Staat.** Die rechtliche Lage der beiden Gebiete ist eine ganz verschiedene.

Dies mag durch folgendes praktisches Beispiel erklärt werden. Durch den Turiner Vertrag vom 24. März 1860 kamen Chablais und Faucigny mit Savoyen an Frankreich.

Art. 2: „Il est également entendu que Sa Majesté le Roi de Sardaigne ne peut transférer les parties neutralisées de la Savoie qu'aux conditions auxquelles il les possède lui-même ..."

Frankreich hat also Chablais übernommen ganz in der Rechtslage, wie sie der Wiener Kongreß schuf. Dies hat die französische Regierung auch verschiedentlich anerkannt[1]. Wenn also heute Frankreich in einen Krieg verwickelt würde, so dürfte es zwar **kriegerisch in Chablais nicht vorgehen, dagegen würde es andererseits berechtigt sein, dort Aushebungen zu veranstalten und sich Kriegsmaterialien von dort zu verschaffen.** Die Schweiz dagegen würde durch solche Maßnahme ihre Pflicht zur Unparteilichkeit schwer verletzen. Ein befriedetes Gebiet braucht keineswegs unter Neutralitätsgrundsätzen zu stehen, und es

---

[1] Vgl. die Depesche Thouvenels vom 20. Juni 1860 und die Erklärungen des französischen Botschafters vom 23. August 1883, zit. bei Geffcken a. a. O. S. 638 ff.

würde auch durchaus dem Grundsatz der Einheitlichkeit und der Unbeschränkbarkeit der Neutralitätsbegriffe widersprechen, wenn ein Teil Frankreichs neutral, der andere kriegführend wäre. Sehr treffend umschreibt Usanaz (a. a. O. S. 193) die rechtlichen Verhältnisse von Chablais, ohne allerdings in ihnen eine systematische Erscheinung zu erblicken und in der Terminologie glücklich zu sein, wenn er sagt: „La neutralité de la Savoie est une type toute spéciale, la neutralité partielle territoriale, dont le régime occupe une place intermédiaire par rapport à deux situations mieux définies, la „neutralisation perpétuelle" d'Etat et la „neutralité" appliquée au cours d'une guerre à une région par un armistice.

Diese „Mittelstellung" macht eben Chablais und Faucigny zu einem befriedeten Gebiet.

2. Als zweites Beispiel kann das unter preußischem und belgischem Kondominium stehende Moresnet gelten[1].

Über die Auslegung des Art. 25 der Wiener Kongreßakte 1815 entstanden Meinungsverschiedenheiten zwischen Preußen und Belgien, zu deren Beilegung der Vertrag vom 27. Juli 1860 geschlossen wurde.

Der Art. 17 lautet: „... Der zwischen jenen beiden Linien gelegene Teil derselben Gemeinde als der einzige, der vernünftigerweise streitig gemacht werden könne, einer gemeinschaftlichen Verwaltung unterworfen werden und von keiner der beiden Mächte militärisch besetzt werden soll."

Da also Moresnet mit unter dem Kondominium eines neutralisierten Staates steht, so ist damit der Angriff auf dieses Gebiet ausgeschlossen. Andererseits aber enthält der Art. 17 das Verbot der militärischen Besetzung. Dadurch ist folgende Rechtslage geschaffen: Belgien darf und muß zur Verteidigung seiner neutralisierten Lage gegebenenfalls an seinen übrigen Grenzen Truppen aufstellen, Moresnet aber darf unter keinen Umständen militärisch von ihm besetzt werden. Hier zeigt sich deutlich, daß Befriedung und Neutralisation wesentlich verschiedenen Charakter haben: Moresnet ist ein befriedetes Gebiet.

---

[1] Literatur: Descamps a. a. O. S. 59 ff.; Liszt S. 73; Fleischmann S. 9 Anm. 9.

3. Die rechtliche Lage der Ionischen Inseln[1].

Die seit dem Frieden von Campo Formio zu Frankreich gehörigen Inseln wurden durch einen Vertrag zwischen Rußland und der Türkei im Jahre 1801 zu der „Republik der sieben Inseln" umgeschaffen. 1815 erhielt England das Protektorat über dieselben. Die Streitigkeiten über den Besitz der Inseln infolge ihrer strategisch wichtigen Lage im Adriatischen Meere führten schließlich zum Vertrage vom 14. November 1863.

Art. 2 lautet: „Les Iles Ioniennes, après leur union au Royaume de Grèce, jouiront des avantages d'une neutralité perpétuelle; et en conséquence, aucune force navale ni militaire, ne pourra jamais être réunie ou stationnée sur les territoires ou dans les eaux de ces Iles, au delà du nombre strictement nécessaire pour maintenir l'ordre public et pour assurer la perception des revenus de l'État.

Les Hautes Parties contractantes s'engagent à respecter le principe de neutralité stipulé par le présent article.

Art. 3. Comme conséquence nécessaire de la neutralité dont les État-Unis des Iles Ioniennes sont appelés ainsi à jouir, les fortifications construites dans l'Ile de Corfu et dans ses dépendances immédiates, étant désormais sans objet, devront être démolies..."

Durch den Vertrag vom 29. März 1864 wurden diese Bestimmungen auf die Inseln Corfu und Paxos beschränkt.

Art. 2: „Que les avantages de la neutralité établie par le même article en faveur des sousdites Iles devront s'appliquer seulement aux Iles de Corfu et de Paxo ainsi qu'à leurs dépendances."

Es ist wieder dieselbe falsche Begründung, unter dem das Verbot der Schleifung der Befestigungen hier eingeführt wird, wie in dem Art. 3 des Vertrages von 1867 über die Befriedung Luxemburgs. Es ist keineswegs eine Folge der Neutralisation, daß Befestigungen geschleift werden und militärische Organisationen verboten werden müssen: Diese Bestimmung macht vielmehr im Verein mit dem Verbot des Angriffs auf jene Gebiete diese Ionischen Inseln zu befriedeten Gebietsteilen.

---

[1] Descamps a. a. O. S. 88 ff.; Nuce, Notes a. a. O. S. 614; Schopfer S. 240 ff.; Bonfils § 369; Text Strupp I, 185.

4. Vertrag zwischen Schweden und Norwegen vom 26. Oktober 1905[1].

Gelegentlich der Auflösung der schwedisch-norwegischen Union bestimmte die Konvention vom 26. Oktober 1905 in ihrem zweiten Kapitel:

Art. 1: „Afin d'assurer des relations pacifiques entre les deux États il sera établi, des deux côtes de la frontière commune, un territoire (‚zone neutre') qui jouira des avantages d'une neutralité perpétuelle" ... es folgt die Grenzbestimmung, in welcher zwar die Inseln, nicht aber die Gewässer mit einbegriffen sind. Dann ...

„La neutralité de ladite zone sera complète. Il sera donc défendu à chacun des deux États de faire dans cette zone des opérations de guerre, de s'en servir comme point d'appui ou comme base d'opérations et d'y faire stationner ou concentrer des forces militaires (Art. 6 macht eine Ausnahme für die Festung Fredriksten) ..." Es folgt das Verbot der strategischen Eisenbahnen. Aber es verstößt keineswegs gegen die „Neutralisation" dieser Zone „que des personnes domiciliées dans la partie de l'un des États et qui appartiennent à l'armée ou à la flotte, se réunissent pour être dirigées sans retard hors de la zone.

On ne pourra conserver dans la zone neutre et on ne pourra y établir à l'avenir ni des fortifications ni ports de guerre, ni dépôts des provisions destinés à l'armée ou à la flotte." — Die Bestimmungen gelten aber nicht, wenn es gegen einen gemeinsamen Feind oder ein Staat allein gegen einen dritten geht.

Art. 2: „En vertu des dispositions précédentes les fortifications qui se trouvent actuellement dans la zone neutre ... seront démantelées ..."

Diese spezielle Umschreibung der „Neutralität" der „Pufferzone"[2] zeigt, daß der Begriff „neutral" nicht anwendbar auf sie ist. Zunächst schon deshalb, weil jede Verteidigung ausgeschlossen wird. Selbst wenn man aber dies nicht als den Begriff der Neutralisation zuwiderlaufend ansehen will, so beweist die Bestimmung, daß Aushebungen innerhalb der Staatsgrenzen jedes Staates in der „neutralen Zone" erlaubt sind,

---
[1] Literatur Bonfils § 369; Text Strupp II, 156.
[2] Diesen Ausdruck gebraucht Strupp a. a. O.

daß dies Gebiet nicht „neutral" ist. **Die Einwohner der neutralen Zone sind keine Neutralen, noch ist das Gebiet neutralisiert, in dem Sinne, daß eine friedliche Unterstützung des eigenen Staates verboten wäre!**

Nur die Feinseligkeiten sind ausgeschlossen und jede Art der Verteidigung: mit andern Worten das Gebiet ist befriedet!

Diese Entwicklung des Begriffs der Befriedung kraft Ausschluß der Feindseligkeiten und kraft Ausschluß des Verteidigungsrechts infolge ausdrücklichen Verbots in Anwendung auf Landstrecken, wie sie jetzt an der Hand der angeführten Verträge versucht worden ist, hat nicht nur die tiefgehenden begrifflichen Unterschiede zwischen den Begriffen der Neutralisation und der Befriedung aufgedeckt, sondern auch gezeigt, daß erhebliche praktische Unterschiede in der Behandlung von neutralisierten und befriedeten Gebieten gelten!

Das befriedete Gebiet eines Staates kann durchaus für den Fall eines Krieges zu einer friedlichen Unterstützung des Staates herangezogen werden (Lieferung von Kriegsmaterial, Aushebungen usw.). Das neutralisierte Gebiet eines kriegführenden Staates, selbst wenn dieser rechtliche Zustand sich begrifflich nicht ausschlösse, dürfte unter keinen Umständen seinem Staate in dieser Weise dienlich sein: **Die Pflichten und Rechte, welche die Neutralisation und die Befriedung eines Gebietes mit sich bringen, decken sich also nicht.**

XII.

Auch für die vertragliche Sicherstellung **von Wasserstrecken, sei es ganzer Meere oder nur diese verbindender, natürlicher oder künstlicher Wasserstraßen,** können wertvolle Beispiele angeführt werden.

Auch hier wieder müssen entsprechend etwa dem Befestigungsverbot gegenüber der Befriedung bei Landgebieten diejenigen Vorschriften ausgeschlossen werden, welche nur **unvollkommene Beschränkungen für den Verkehr durch Wasserstraßen für Kriegsschiffe** aufstellen. Es ist hier vor allem gedacht an Bestimmungen über die Dardanellen[1]. Man hat die rechtliche Lage der Dardanellen als „negative Neutralisierung"[2] bezeichnet. Dieser Ausdruck ist aus einem doppelten Grunde zu vermeiden: Einmal, weil es gar keine Schattierungen des Begriffes „Neutralität" gibt. Zweitens aber handelt es sich hier gar nicht um eine Bestimmung, die überhaupt auf kriegerisches Vorgehen in dem betreffenden Gebiete berechnet ist, sondern nur für Zeiten gelten soll, in denen die Türkei als Territorialmacht im Frieden lebt. Als Rechtsquelle für die heutige Rechtslage kommen die Verträge vom 13. Juli 1841 (Dardanellenvertrag), der Pariser Frieden vom 30. März 1856 und der Vertrag vom 13. März 1871 in Betracht:

Art. 1 des Vertrages vom 13. Juli 1841 lautet: „S. H. le Sultan, d'une part, déclare.... le principe invariablement établi comme ancienne règle de son empire, et en vertu duquel il a été de tout temps défendu aux bâtiments de guerre des puissances étrangères d'entrer dans les détroits des Dardanelles et du Bosphore; et que, tant que la Porte se trouve en paix, Sa Hautesse n'admettra aucun bâtiment de guerre étranger dans lesdits détroits...."

Art. 10 des Pariser Friedensvertrages vom 30. März 1856 lautete:

„Der Vertrag vom 13. Juni 1841, welcher die alte Regel des ottomanischen Reiches betreffs der Schließung der Meerengen des Bosporus und der Dardanellen aufrechterhält, ist gemeinschaftlich revidiert worden...."

Art. 2 des Pontusvertrages lautet:

„Das Prinzip der Schließung der Meerengen der Dardanellen und des Bosporus .... wird aufrechterhalten mit der Machtvollkommenheit für S. K. M. den Sultan, die genannten Meerengen in Friedenszeiten den Kriegsschiffen der befreundeten

---

[1] Literatur: v. Liszt § 8; Nys, Droit Bd. I, 494 ff.; Bonfils § 499, 858; Geffcken a. a. O. § 136; Texte: Martens.

[2] Geffcken a. a. O. S. 654.

[3] Über die früheren Verträge vgl. bei Fleischmann S. 40. Hinsichtlich der Bestimmungen des Pontusvertrages sei erinnert an die Versammlung von Kriegsschiffen der Mächte vor Konstantinopel, als die Bulgaren vor Tschataldscha standen.

und alliierten Mächte zu öffnen, falls die Hohe Pforte dies für nötig erachten sollte, um die Ausführung der Stipulationen des Pariser Vertrages vom 30. März 1856 sicherzustellen." Alle diese Bestimmungen sind übrigens nach Art. 63 des Berliner Vertrages vom 13. Juli 1878 bestätigt.

Die heutige Regelung ist infolge eines Erlasses des Sultans (Irade vom 10. Dezember 1895), daß zwei leichte Kriegsschiffe jeder Macht durch die Dardanellen laufen, aber nicht ankern dürfen.

Diese Regelung der rechtlichen Lage der Dardanellen fällt demnach weder unter den Begriff der Neutralität noch unter den der Befriedung, denn Feindseligkeiten sind für die Dardanellen beim Kriegszustand der Territorialmacht gar nicht ausgeschlossen[1], bei neutralem Verhalten der Türkei in diesen territorialen Gewässern selbstverständlich.

XIII.

Eng verknüpft mit der Dardanellenfrage ist die rechtliche Lage des Schwarzen Meeres. Heute ist seine Eigenschaft als freies Meer in dem im zweiten Kapitel Nr. VI entwickelten Sinne nur durch die Bestimmungen über die Dardanellen beschränkt. Es hat sich aber in den Jahren 1856 bis 1871 in einer durchaus anderen Rechtslage befunden. Der Vertrag vom 30. März 1856 bestimmte:

„Das Schwarze Meer ist neutralisiert .... und auf ewig den Kriegsflaggen der Uferstaaten sowohl als anderer Mächte untersagt ....

Art. 13: „Da das Schwarze Meer dem Wortlaute des Art. 11 gemäß neutralisiert ist, so ist die Aufrechterhaltung oder Errichtung von militärisch maritimen Arsenalen in dessen Uferbezirk unnötig und zwecklos. S. M. der Kaiser aller Reußen und S. K. M. der Sultan verpflichten sich deshalb auf diesem Littorale kein militärisch maritimes Arsenal zu errichten oder zu behalten."

Daß die durch diese Bestimmungen geschaffene Rechtslage eine eigenartige war, drückt sich in den verschiedenen Be-

---

[1] Es sei nur erinnert an den Angriff der griechischen Flotte auf die Dardanellen im letzten Balkankriege.

zeichnungen aus, welche in der Literatur dafür gewählt sind: Pradier (§ 679) und Bonfils (§ 496) sprechen von „quelque analogie avec la neutralisation de certains Etats"; v. Liszt (S. 198) spricht von der „sogenannten"; Quabbe (a. a. O. S. 129) von einer „schärferen Form der Neutralisierung". Offenbar läßt sich also nach Ansicht dieser Schriftsteller die rechtliche Lage des Schwarzen Meeres auf Grund der angeführten Artikel nicht unter den Begriff „Neutralisation" bringen. Nur Martens glaubte in seinem Brief an Twiss (Annuaire 1879/80, S. 321), daß die damalige Lage des Schwarzen Meeres durchaus die „Merkmale der Neutralisation" trage. Dieser Ausdruck für den Zustand des Schwarzen Meeres hat sich die sachlich scharfe Kritik Travers Twiss in seinen Antwortschreiben (Annuaire a. a. O.) gefallen lassen müssen, daß die Bezeichnung „Neutralisation" für die durch Art. 10 ff. geschaffene Lage im Schwarzen Meer **nur ein diplomatischer Verlegenheitsausdruck sei, der „faute de mieux" gewählt wurde, um einen ganz anderen rechtlichen Zustand zu verdecken.**

In der Tat ist denn auch der Ausdruck „Neutralisation" hier durchaus zu vermeiden. Denn einmal verträgt es sich nicht mit dem Begriff der Neutralität, daß auch den Kriegsschiffen der Uferstaaten der Aufenthalt in den Gewässern versagt ist. Zweitens ist die Durchfahrt durch neutrale Gewässer auch für Kriegsschiffe in Kriegs- und Friedenszeiten erlaubt im Gegensatz zu Art. 11 des genannten Vertrages. Drittens würde eine Neutralisierung des Schwarzen Meeres keineswegs ein Verbot der Befestigung und Garnisonen an den Ufern zur begrifflichen Folge haben (vgl. aber Art. 13). Schließlich ergeben sich noch prinzipielle Bedenken hinsichtlich der territorialen Gewässer, weil der Begriff „Neutralisation partielle locale" aus bereits entwickelten Gründen abzulehnen ist. **Vielmehr handelt es sich hier um eine Befriedung und zwar kraft Ausschlusses der Feindseligkeiten und kraft Ausschlusses des Verteidigungsrechts infolge ausdrücklichen Verbots im oben entwickelten Sinne**, wie es ohne weiteres aus den angeführten Artikeln hervorgeht. **Der Art. 1 des Pontusvertrages hat dieser Befriedung des Schwarzen Meeres ein Ende gemacht.**

Viertes Kapitel. Die Befriedung.

XIV.

Eine ebenfalls vorübergehende Befriedung haben die montenegrinischen Gewässer[1] durch den Art. 29 des Berliner Vertrages vom 13. Juli 1878 erfahren. Diese Bestimmung, welche durch ein Abkommen vom 9. April 1909 aufgehoben wurde, lautete:

Art. 29 Abs. 5: „Montenegro darf weder Kriegsschiffe besitzen noch eine Kriegsflagge führen.

Der Hafen von Antivari und alle zu Montenegro gehörigen Gewässer sollen den Kriegsschiffen aller Nationen verschlossen bleiben."

Auch hier kann aus demselben Grunde wie oben von einer Neutralisation nicht die Rede sein, sondern muß von Befriedung gesprochen werden.

XV.

Die Magelhaenstraße[2].

Die Streitigkeiten über die Befestigung der Magelhaenstraße, welche zwischen Chile und Argentinien ausbrachen, die als historische Erben des spanischen Kolonialreiches über die Herrschaft in dieser wichtigen interozeanischen Wasserstraße stritten, und die im Jahre 1878 fast zu einem Kriege geführt hätten, wurden durch den Vertrag vom 13. Juli 1881 endgültig beigelegt[3].

Bei Besprechung der rechtlichen Lage der Magelhaenstraße auf Grund dieses Vertrages weisen viele Schriftsteller[4] mit Recht darauf hin, daß von einer Neutralisierung des Kanals schon deshalb nicht die Rede sein kann, weil dieser Vertrag lediglich von zwei Staaten abgeschlossen ist und nicht von den anderen Staaten der Völkerrechtsgemeinschaft mitunterzeichnet wurde. Der hier interessierende Art. 5 lautet:

---

[1] v. Liszt § 40.

[2] Literatur: Abribat, Le détroit Magelhaen, 1902; Nys, Droit intern. I, 512; v. Martitz, DJZ. 15, 980; Pradier § 3106; Idmann, Der Garantievertrag S. 127 ff.

[3] Der Vertrag verstößt übrigens gegen Art. 82 des chilenischen Staatsgrundgesetzes von 1833 (vgl. Abribat S. 250). Trotzdem ist der Vertrag für Chile bindend. Es handelt sich um einen Staatsakt, der zwar im Innenverhältnis unerlaubt, nach außen hin aber gültig ist: „Illicitus sed validus."

[4] Vgl. insbesondere v. Martitz, DJZ. 15, 980.

Art. 5: „Le détroit de Magelhaen demeure neutralisé à perpétuité et sa libre navigation est assurée aux pavillons de toutes les nations. Afin d'assurer le respect de cette liberté et de cette neutralité, il ne sera construit sur ces côtes ni fortifications ni ouvrages de défense militaire qui puissent contrarier ce but[1]."

Diese Regelung läßt leicht erkennen, wie nahe ein Vergleich mit der obenerwähnten norwegisch-schwedischen Konvention von 1905 liegt, nur daß dort die Gewässer von der Befriedung ausgenommen, hier aber ausdrücklich eingeschlossen sind. Sachlich wären also dieselben Erwägungen am Platze, wie sie unter Nr. XI gemacht worden sind. Hier sei nur erwähnt, daß der praktisch wichtige Zusatz der schwedisch-norwegischen Konvention, die betreffenden Befriedungsgrundsätze sollten nur für den Kriegsfall zwischen den beiden Staaten gelten, nicht für einen Krieg mit anderen Staaten, sei es vereint, sei es allein, im Vertrage von 1881 sich nicht findet[2]!

Für die rechtliche Qualifikation des Zustandes der Magelhaenstraße auf Grund des Vertrages von 1881 hat jedoch dies keinen Einfluß. Tritt man also den obengemachten Ausführungen bei, so ergibt sich, daß die **Magelhaenstraße ein Beispiel für die Befriedung von natürlichen Wasserstraßen bietet.**

XVI.

Wenn irgendwo, so muß bei den künstlichen Wasserstraßen von Weltverkehrsbedeutung, wie sie in den Kanälen von Suez und Panama geschaffen sind, der Gedanke einer Beschränkung des Krieges durch Ausschluß der Feindseligkeiten im Gebiet dieser Kanäle erwünscht sein. Die rechtlichen Grundlagen zur Verwirklichung dieses Gedankens waren denn auch schon zwei Jahrzehnte bevor der erste dieser beiden Kanäle, der Suezkanal[3],

---

[1] Abribat S. 243.

[2] Abribat weist darauf hin, daß diese Lösung unbefriedigend sowohl für den Verkehr in dem Kanal als für die beiden Staaten selbst ist, da sie nicht in der Lage sind, diese wichtige Verkehrsstraße wirksam gegen einen dritten Staat zu verteidigen, ohne den Vertrag zu brechen. Allerdings muß dazu bemerkt werden, daß Rechte aus Verträgen ja nur die beiden Staaten haben und ein Einspruch bei einer Verteidigung gegen Dritte nicht erfolgen würde.

[3] Der Suezkanal wurde am 13. Juli 1869 feierlich eröffnet.

dem Verkehr übergeben wurde, durch den sogenannten „Clayton-Bulwer-Vertrag" vom 19. April 1850 geschaffen. Dieser Vertrag wird allen Anforderungen, die man an die Sicherung eines Kanals zu dessen ungehindertem Gebrauch in Kriegs- und Friedenszeiten für alle Völker stellen kann, vollauf gerecht. Er stellt im wesentlichen drei Grundsätze auf:

1. Für die Benutzung des Kanals völlige Gleichheit in Krieg und Frieden für Schiffe jeder Art und aller Nationen (Grundsatz der freien Verkehrsbefugnis)[1].

2. Für den Schutz des Kanals das Verbot jedes kriegerischen Vorgehens im Kanalgebiet (Grundsatz der Befriedung)[2].

3. Die internationale Sicherung der Vertragsbestimmungen durch alle Mächte (Grundsatz der Kollektivgarantie[3]).

Die praktische Durchführung der Bestimmungen des Clayton-Bulwer-Vertrags wäre der rechtliche Zustand, der erreicht werden müßte, um die Kanäle von Weltverkehrsbedeutung dem politischen Wettkampf der Völker zu entziehen und nur dem friedlichen Wettkampf des Handels zu öffnen. Man hat auf die Schwierigkeiten hingewiesen, die einer Verwirklichung des Grundsatzes der Kollektivgarantie entgegenstehen. Heute freilich, wo England in Ägypten, die Vereinigten Staaten in Panama herrschen, ist die Schwierigkeit nicht nur sehr groß, sondern wohl unüberwindlich. Diese Schwierigkeit wäre aber zu vermeiden gewesen, wenn die übrigen Mächte rechtzeitig die weittragende Bedeutung einer allgemeinen Sicherung dieser Kanäle erkennend, es durchgesetzt hätten, daß Panama und Ägypten neutralisiert worden wären[4]. Dann wäre ein Ideal Wirklichkeit geworden.

Die zahlreichen interessanten juristischen und politischen Fragen[5], die bei der Entstehungsgeschichte der heutigen Lage

---

[1] Art. 1 des Clayton-Bulwer-Vertrags.
[2] Vgl. Art. 5 des Clayton-Bulwer-Vertrags.
[3] Ebenda Art. 6.
[4] Hinsichtlich Ägyptens ist wenigstens der Vorschlag gemacht worden, und zwar von dem deutschen Bevollmächtigten von Derenthall; vgl. Charles Roux, l'Istme et le Canal de Suez, Bd. II S. 95.
[5] Vgl. insbesondere über die Gebührenfrage Kaufmann, Das Panamakanal-Gesetz vom 28. Aug. 1912 und das Völkerrcht (R.-J. 1912); Oppenheim, The Panama-Canal Conflict, 1913; Baty und Butte in

der beiden Kanäle in Erscheinung getreten sind, wie auch die Frage, wie im ganzen heute ihre Regelung juristisch zu beurteilen ist, muß hier beschränkt werden auf die Untersuchung, inwieweit der mittlere der drei oben aufgestellten Grundsätze des Clayton-Bulwer-Vertrages heute beim Suez- oder Panamakanal verwirklicht ist.

Rechtsquelle für diese Frage beim Suezkanal sind folgende Artikel des Vertrages vom 29. Oktober 1888 über die freie Benutzung des maritimen Suezkanals:

Art. 1: „Der maritime Suezkanal wird stets in Kriegszeiten wie in Friedenszeiten jedem Handels- oder Kriegsschiffe ohne Unterschied der Flagge frei und offen stehen. Dementsprechend kommen die H.V.T. überein, die freie Benutzung des Kanals in Kriegs- wie in Friedenszeiten nicht zu beeinträchtigen.

Der Kanal wird niemals der Ausübung des Blockaderechts unterworfen werden.

Art. 4: Da der maritime Kanal laut Art. 1 des gegenwärtigen Vertrages in Kriegszeiten selbst den Kriegsschiffen der Kriegführenden als freie Durchfahrt offensteht, so vereinbaren die Hohen Vertragschließenden Teile, daß kein Kriegsrecht, kein Akt der Feindseligkeit, noch auch irgendein Akt zum Zwecke, die freie Schiffahrt auf dem Kanale zu hindern, im Kanal und seinen Einfahrthäfen sowie im Umkreise von drei Seemeilen von diesen Häfen ausgeübt werden darf, selbst, falls das ottomanische Reich eine der kriegführenden Mächte wäre.

Die nächsten Absätze enthalten Bestimmungen über die Aufenthaltsdauer und den Verkehr von Kriegsschiffen im Kanal. Art. 5 über die Beförderung von Truppen durch den Kanal in Kriegszeiten.

Jahrb. f. Völkerrecht 1913, S. 403 ff.; Hereshoff, Die Gebührenfrage beim Panamakanal. Law Magazine and Review 1912, S. 517 ff. — Politisches: Documentos relaciendos con este asunto per orden del senato de la Republica. Bogota 1903; Imprenta National; Diplomatic correspondence of the U. St., Jahrg. 1901/03; L. Frather, Der Panamakanal, 1914; M. Tarlé, Le Canal de Panama et l'impérialisme américain, Questions 16. Jan. 1914. — Wirtschaftliches: Der Jahresbericht der Hamburger Handelskammer von 1912, insbesondere bezugnehmend auf das Panamakanal-Gesetz und zum Vergleich der wirtschaftlichen Bedeutung beider Kanäle die neuesten Berichte in dem Aufsatz: Le Canal de Suez in „La vie internationale" 1914, Bd. 5 S.214ff.

Art. 7: „Die Mächte werden in den Gewässern des Kanals kein Kriegsschiff halten . . .

Art. 10: „Ebenso werden die Bestimmungen der Art. 4, 5, 7 und 8 kein Hindernis für die Maßnahmen bilden, welche . . . nötig wären, um durch eigene Kräfte die Verteidigung Ägyptens sowie die Aufrechterhaltung der öffentlichen Ordnung zu sichern.

Art. 11: „Die Maßnahmen, welche in den Art. 9 und 10 des gegenwärtigen Vertrages vorgesehenen Fällen getroffen werden, dürfen die freie Benutzung des Kanals nicht hindern.

In eben diesen Fällen bleibt es untersagt, entgegen den Bestimmungen des Art. 8 permanente Befestigungen zu errichten.

Art. 16: „Die H. V. T. machen sich verbindlich, den gegenwärtigen Vertrag den Staaten, welche denselben nicht unterzeichnet haben, unter Einladung zum Beitritt zur Kenntnis zu bringen."

Die Bezeichnung der Lage des Suezkanals[1] mit dem Worte „neutral", wie sie sich noch heute gelegentlich findet, steht schon im Widerspruch mit dem Wortlaut des ganzen Vertrages, der diesen Ausdruck sorgfältig vermeidet. Der englische Vorentwurf auf der Berliner Konferenz von 1885 sprach noch von „Passage neutre" und ebenso der Firman des Khediven von 1856, in dem der Suezkanal-Gesellschaft die Erlaubnis zum Bau des Kanals gegeben wurde. Aber nach den Verhandlungen des Institut de droit international im Jahre 1879, bei denen auf Grund der beiden Berichte von Twiss ein Beschluß über die zu erstrebende juristische Regelung des Kanals gefaßt wurde, findet sich im allgemeinen der Ausdruck „Neutralität" für den Suezkanal in der Literatur selten, und ebenso in den offiziellen Dokumenten über den Suezkanal[2]. Der Beschluß des Instituts vom 4. September 1879 lautete:

---

[1] Literatur: Bonfils § 513; Camand, Etudes sur les régimes juridiques du Canal de Suez; Lesseps, Lettres ... 1875 ff.; Ch. Roux, L'Isthme et le Canal de Suez; Rossignol, Le Canal de Suez; Twiss, Annuaire 1879/80 Bd. I, 111 ff., 329 ff.; Detreux, Der Suezkanal, Abhandlung Bd. 13. Text: Niemeyer Bd. 12, 273; Strupp S. 299; Fleischmann Nr. 57.

[2] Der Bericht Twiss', im Ann. a. a. O. mit dem Untertitel „neutralisation ou protection internationale" abgedruckt, ist eine authentische Quelle für die Auffassung, die man damals von der zu erstrebenden Lage des Suezkanals, wie sie auch später verwirklicht wurde, gehabt hat.

Art. 1: „Il est de l'intérêt général de toutes les nations que le maintien et l'usage du canal de Suez pour les communications de toute espèce soient, autant que possible, protégés par le droit des gens conventionnel."

Art. 2: „Dans ce but, il est à désirer que les États se contentent, à l'effet d'éviter, autant que possible, toute mesure par laquelle le canal et ses dépendances pourraient être endommagés ou mis en danger, même en cas de guerre."

Art. 3 spricht von der Entschädigungspflicht bei Verletzung des Kanals.

Hier wird also das Wort „Neutralisation" sorgfältig vermieden. Es war denn auch bei der Diskussion darauf hingewiesen worden, daß eine Neutralisation des Kanals keineswegs den gewünschten Erfolg haben würde, da dann in Kriegszeiten die Schiffe der Kriegführenden nicht hindurchfahren dürften, weil der Kanal nicht Küstengewässer, sondern integrierender Bestandteil des ägyptischen Territoriums wäre. Auch kann man, um das Wort „Neutralisation" zu halten, nicht von „neutralité maritime" im Gegensatz zu einer „neutralité continentale" sprechen[1] oder von einer „positiven Neutralisierung"[2], bei der eine Durchfahrt von Schiffen durch neutrales Gebiet erlaubt sei. Diese Beiwörter laufen dem Sinn des Wortes „Neutralisation" zuwider (vgl. die Ausführungen im ersten Kapitel Nr. VI—VII). Twiss sagt (S. 127 a. a. O.), daß der Ausdruck „neutralisation" nicht passe, gemeint sei, „que le canal soit mis à l'abri de toutes les atteintes de la guerre. Les travaux de ce genre construits aux frais des particuliers à l'usage du commerce sont une œuvre exceptionnelle qui doit être placée dans une position spéciale".

Als dann in der zweiten Sitzung das Wort „Neutralisation" infolge des oben zitierten Briefes von Martens über die „Neutralisation des Schwarzen Meeres" wieder auftaucht, bedauert Holland (S. 346) diesen ungenauen Ausdruck, der doch bereits als „impropre" zurückgewiesen sei.

Die Auffassung, daß es sich tatsächlich beim Suezkanal nicht um eine Neutralisation handelt, ist auch in der Praxis neuerdings wieder zum Ausdruck gekommen, indem, wie bereits

---
[1] So Ch. Roux a. a. O. II, 90.
[2] Geffcken a. a. O. und v. Liszt § 140.

erwähnt, der Khedive 1904 anläßlich des russisch-japanischen Krieges zwei Neutralitätserlasse veröffentlichte [1], den einen für Ägypten, den andern für das Gebiet des Suezkanals. Wäre das Gebiet des Kanals wirklich nur neutral, so wären diese doppelten Erlasse unnötig gewesen. So aber waren die beiden verschiedenen Erlasse in der Tat notwendig. **In dem einen handelt es sich um Neutralitätsrecht, in dem andern um Befriedungsrecht.**

Nach diesen Ausführungen kann es kaum zweifelhaft bleiben, daß es sich bei der Lage des Suezkanals nicht um Neutralisation handelt und diejenigen Schriftsteller, welche den Ausdruck noch brauchen, sehen sich ja auch genötigt, ihn zu modifizieren, zu modifizieren allerdings in einer Weise, die von dem ursprünglichen Begriff der Neutralität oder Neutralisation nichts mehr übrig läßt als das Wort. Es kann sich deshalb hier nur noch darum handeln, für die „exzeptionelle Lage" des Suezkanals ein passendes Wort zu finden. Wenn man nun aber sieht, daß **bei diesem Kanal einerseits durch ausdrückliche Vorschrift alle Feindseligkeiten ausgeschlossen und andererseits auch durch besondere Bestimmungen alle Verteidigungsmaßregeln in diesem Gebiet verboten sind, so scheint in dem Begriff der Befriedung diejenige Bezeichnung gefunden zu sein, die der Sache am besten gerecht wird.**

Als Rechtsquelle für dieselbe Frage beim **Panamakanal**[2] kommen die folgenden Artikel des Hay-Pauncefote-Vertrages vom 18. November 1901 und des Hay-Varilla-Vertrages vom 18. November 1903 in Frage:

1. **Hay-Pauncefote-Vertrag.**

The United States of America and his Majesty Edward the VII of the United Kingdom of Great Britain ... to that end to re-

---

[1] Abgedruckt im 14. Beiheft der Marinerundschau von 1904.

[2] Arias, The Panama-Canal, 1911. Über die Frage der Befestigungen Kennedy, A.-J. 1911, S. 615 ff.; Bunau-Varilla, RG. 17, 459 ff.; Davin, Questions 1912, S. 400 ff.; Knapp, A.-J. 1910, 314 ff.; Wambough, A.-J. 1911, 615 ff.; Miscellaneous (Veröffentlichung diplomatischer Dokumente durch das Stationary Office in London) 1912 Nr. 2, 1913 Nr. 2; Müller-Heymer, Der Panamakanal. Diss. Würzburg 1909; Rheinstrom, Der Kanal von Panama und Suez, ebd. 1906.

move any objection which may arise out of the convention of the 19th of April 1850, commonly called the Clayton-Bulwer Treaty, to the construction of such canal under the auspices of the Government of the United States without impairing the „general principle" of neutralization established in Art. VIII of that convention ... have agreed upon the following articles."

Art. 1—4 enthalten die entscheidenden Vorschriften[1] für die hier interessierende Frage.

2. Hay-Varilla-Vertrag.

Art. 23 und 24 enthalten die entscheidenden Vorschriften für die hier interessierende Frage[2].

Bei der Frage, ob es sich um eine Befriedung des Kanals auf Grund der geschlossenen Verträge handelt, muß vorweg bemerkt werden, daß Rechte aus dem Kanal nur die Vertragsstaaten haben, und daß also jedenfalls eine internationale Festlegung der Befriedung wie bei dem Suezkanal nicht stattgefunden hat. Es liegen die Verhältnisse vielmehr so, wie bei der Magelhaenstraße. Allerdings haben die Vereinigten Staaten eine völkerrechtliche Pflicht durch den Abschluß des Vertrages übernommen. Aber Anspruch auf Erfüllung haben nur die Vertragsgegner[3]. Zurückzuweisen ist als gänzlich unhaltbar die Ansicht, daß die Vereinigten Staaten, da sie laut Art. 3 des Hay-Varilla durch „verschleierte Okkupation" Eigentümer des Kanalgebietes geworden seien, hinsichtlich desselben verfahren könnten, ohne an den Hay-Pauncefote gebunden zu sein. Diese Ansicht hätte nie geäußert werden dürfen, so lange der Art. 4 des Hay-Pauncefote und Art. 24 des Hay-Varilla als vorhanden anzusehen sind. Selbst aber, wenn diese Artikel nicht abgefaßt wären, so ist es selbstverständlich, daß ein Staat, der an sich freie Befugnis, über sein Staatsgebiet nach Belieben zu verfügen, hat, durch Vertrag wirksam und in für ihn bindender Weise sich einschränken kann.

Für die Entscheidung, ob eine Befriedung des Panamakanals vorliegt, kommt vor allem die Befestigungsfrage in Betracht; denn es handelt sich hierbei um den Ausschluß der

---

[1] Vgl. bei Fleischmann Nr. 73; Niemeyer Z. 12, 366.
[2] Ebenda.
[3] Vgl. Kaufmann a. a. O. S. 19, zit. nach Sonderabdruck.

Feindseligkeiten und des Verteidigungsrechts durch ausdrückliches Verbot. In dieser Beziehung ist nun sicher, daß nach Art. 23 des Hay-Varilla den Vereinigten Staaten ein Recht der dauernden Befestigungen zweifellos zusteht. Die Ansicht Bunau-Varillas, die er in seinen beiden Briefen im Journal des Débats[1] entwickelt, widerspricht dem klaren Wortlaut der Bestimmungen: Der Versuch, dem Text des Vertrages „at all times" (jederzeit) durch die Übersetzung „à un moment donné" den Sinn at any time (künftighin) anstatt „à un moment quelconque" zu geben, muß als verfehlt angesehen werden. Trotzdem aber kann natürlich diese Erlaubnis zu dauernden Befestigungen, wie sie der Hay-Varilla-Vertrag gibt, nicht ein Verbot aufheben, das etwa in einem Vertrage mit einem anderen Staate enthalten wäre. Deshalb ist jetzt auch nur noch die Frage, ob die Bestimmungen des Hay-Pauncefote ein Befestigungsverbot enthalten. **Ist dies der Fall, so muß die Regelung, die der Panamakanal gefunden hat, als unter den Begriff der Befriedung fallend angesehen werden, andernfalls nicht.**

Nun kann es allerdings nicht zweifelhaft sein, daß nach den Worten der Vorrede „without impairing the general principle of neutralization" und dem Art. 3 Abs. I: „The United States adopts as the basis of the neutralization of such ship canal, the following rules, substantially as embodied in the convention of Constantinopel, signed the 28th of October 1888, for the free navigation of the Suez Canal, that is to say: ...", der Hay-Pauncefote ausspricht, daß die Grundsätze für die Regelung des Verkehrs im Panamakanal dieselben sein sollen wie beim Clayton-Bulwer- und Suezkanal-Vertrag.

Grundsätzlich also soll auch das Prinzip der Befriedung beim Panamakanal Anwendung finden. Jedoch geht gerade aus der Fassung des Art. 3 Abs. I ebenfalls klar hervor, daß diese Grundsätze des Suezkanal-Vertrages, wie sie laut Abs. I grundsätzlich befolgt werden sollen, in den nunmehr folgenden sechs Ziffern näher spezialisiert werden. Mit anderen Worten, **nicht die Grundsätze des Suezkanal-Vertrages in absoluter Form und im ganzen sind übernommen, sondern der Hay-Pauncefote spezialisiert diese,**

---

[1] R. G. 17, 547 ff. abgedr.

und nur in der Zahl und Form, wie sie in den Ziffern I—VI des Art. 3 enthalten sind, sollten sie aufgenommen werden. Man hat nun sehr viel Scharfsinn aufgewendet, um aus den Abänderungen und Weglassungen, die im ersten Hay-Pauncefote vom 5. Februar 1909, welcher nicht ratifiziert wurde, und dem Suezkanal-Vertrag im Vergleich zu dem endgültigen Hay-Pauncefote gemacht worden sind, durch argumento e contrario oder durch Analogieschluß a maiore ad minus herauszuinterpretieren, daß in dem heute gültigen Hay-Pauncefote ein Befestigungsverbot enthalten oder im Gegenteil nicht enthalten sei. Bei dieser Interpretation auf Grund von Weglassungen und Änderungen wird man jedoch nicht zum Ziele kommen, denn es sind Änderungen und Weglassungen vorgenommen, die sowohl für wie gegen das Befestigungsverbot sprechen. Im Hay-Pauncefote erster Lesung nämlich stand im Art. 2 Nr. 5 Abs. II noch: „It is agreed, that none of the immediately foregoing conditions and stipulations in sections numbred 1—5 of this article shall apply to measures which the U. St. may find it necessary to take for securing by its own forces the defense of the U. St. and the maintenance of public order."

Dieser Absatz fehlt in dem endgültigen Hay-Pauncefote. Andererseits ist aber auch eine Bestimmung, wie der Art. 11 Abs. II des Suezkanal-Vertrages sie enthält, wodurch ausdrücklich ein Verbot dauernder Befestigungen selbst da ausgesprochen wird, wo es sich um die Verteidigung der Sicherheit der Territorialmacht handelt, in den Ziff. 1—6 des Art. 3 des Hay-Pauncefote-Vertrages nicht zu finden. Auf diese Art wird man also nicht zum Ziele kommen. Man muß sich allein an den Text des Vertrages halten. Dieser sagt nun in Art. 3 Abs. I offenbar, wie oben dargelegt, daß die Grundsätze des Suezkanal-Vertrages in der nunmehr in den Ziff. 1—6 und den folgenden Artikeln gegebenen Form für den Verkehr im Panamakanal gelten sollen.

Für die hier interressierende Frage, ob die Regelung des Panamakanals eine Befriedung enthält, ist wesentlich, ob in diesen Bestimmungen enthalten sind:

1. Ein ausdrückliches Verbot der Feindseligkeiten im oben entwickelten Sinne, d. h. ein Verbot aggressiven

kriegerischen Vorgehens im Kanalgebiet. Dies Merkmal ist offenbar enthalten in den Ziff. 2 und 6, gestützt durch die Regelung über den Aufenthalt von Kriegsschiffen im Kanal usw. in den Ziff. 3—5.

2. **Ein ausdrücklicher Ausschluß des Verteidigungsrechts infolge ausdrücklichen Verbots: nach einer derartigen Bestimmung sucht man vergebens.**

Demnach ist zwar das erste, nicht aber das zweite Element des Begriffs der Befriedung in den Bestimmungen über den Verkehr im Panamakanal enthalten, und man muß zu dem Schluß kommen, daß der Panamakanal nicht befriedet ist[1].

XVII.

Überblickt man zusammenfassend die zahlreichen völkerrechtlichen Bestimmungen, welche den Gedanken einer Beschränkung des Krieges dadurch zu verwirklichen suchen, daß die verschiedenartigsten Objekte — Staaten, herrenloses Gebiet, Personengruppen und Gegenstände, Land- und Wasserstrecken — vor kriegerischen Verwicklungen sichergestellt würden, **so zeigt sich an der Gleichartigkeit der zur Erreichung des gewünschten Zustandes angewandten Mittel, daß hier ein einheitlicher Grundsatz gegeben ist**, der sich in theoretischer Abstrahierung zu einem übergeordneten Begriff formt. **Für ihn ist in dem Worte „Befriedung" eine Bezeichnung gefunden, die der Sache durchaus entspricht.** Zur Zusammenfassung der gewonnenen Ergebnisse erscheint demnach jetzt eine Gegenüberstellung der entwickelten Begriffe geboten, um ihre Abgrenzung von dem Begriff der Befriedung zu erleichtern.

1. **Neutralität** ist eine sich auf der Grundlage des souveränen Rechts der Selbstbestimmung über Krieg und Frieden aufbauende Rechtsbeziehung zwischen den kriegführenden und unbeteiligten Staaten für die Dauer eines Krieges, die sich äußert in der vollkommenen und unbeschränkbaren Unparteilichkeit der unbeteiligten Staaten und der Begrenzung der Feindseligkeiten zwischen den Kriegführenden.

---

[1] Daß dagegen durch den Art. III Z. 6 des Hay-Pauncefote einzelne Bauten im Kanalgebiet befriedet sind, darauf ist schon unter Nr. VI hingewiesen.

2. **Begrenzung des Kriegsschauplatzes** ist der Ausschluß einzelner Gebiete der Kriegführenden oder herrenloser Gebiete (freie Meere) von Feindseligkeiten für die Dauer eines Krieges durch Vertrag zwischen den Kriegführenden untereinander oder den Kriegführenden und Unbeteiligten.

3. **Neutralisation** ist der auf der Grundlage von Verträgen der Staatengemeinschaft mit einem Staat als Objekt geschaffene Zustand, der den Staat dauernd verpflichtet, in Kriegs- und Friedenszeiten eine unparteiische Stellung in der Staatengemeinschaft einzunehmen.

4. **Befriedung** ist der vor kriegerischen Einwirkungen dauernd gesicherte Zustand eines Objekts, bewirkt durch ausdrückliches Verbot des Angriffs auf dasselbe, und durch begriffliche oder vertraglich geschaffene Unmöglichkeit eigenen Angriffs und eigener Verteidigung.

Eine Abgrenzung der Begriffe „Neutralität", „Begrenzung des Kriegsschauplatzes" und „Neutralisation" untereinander ist bereits in den früheren Kapiteln erfolgt[1]. Hier bleibt allein übrig, eine begriffliche Unterscheidung dieser Begriffe von der Befriedung einheitlich durchzuführen.

I. Befriedung und Neutralität.

Am weitesten ist die begriffliche Kluft zwischen den Instituten der Neutralität und der Befriedung. Gemeinsam ist beiden nur das Verbot des feindlichen Angriffs gegen das zu sichernde Objekt. Im übrigen sind sie verschieden, sowohl in ihren Grundlagen — hier Ausübung des souveränen Selbstbestimmungsrechts über Krieg und Frieden, dort ein Vertrag — als in der Art, dem Umfang und der Dauer der Rechtsbeziehungen, die sie schaffen — hier freiwillige unbeschränkbare Unparteilichkeit eines Staates als handelndes Subjekt für die Dauer eines Krieges, dort ein vertraglich gebundener, in bestimmter Richtung beschränkter Zustand eines Objekts für Kriegs- und Friedenszeiten.

---

[1] Die Abgrenzung des Begriffs der „Neutralität" von dem der „Begrenzung des Kriegsschauplatzes" ist bereits im zweiten Kapitel Nr. VIII erfolgt. Ebenso konnte der Begriff der „Neutralität" von dem der „Neutralisation" schon im dritten Kapitel Nr. VI erfolgen. Schließlich ergab sich ebenfalls im dritten Kapitel unter Nr. IV die Abgrenzung des Begriffs der „Neutralisation" von dem der „Begrenzung des Kriegsschauplatzes".

II. Befriedung und Begrenzung des Kriegsschauplatzes.

Bedeutend näher stehen sich begrifflich die Institute „Befriedung" und „Begrenzung des Kriegsschauplatzes". Gemeinsam ist ihnen die vertragliche Grundlage und der Ausschluß jeder kriegerischen Einwirkung auf das gesicherte Objekt. Verschieden ist auch hier die Dauer und der Umfang ihres Wirkungskreises — dort der Ausschluß der Feindseligkeiten nur für einen Krieg in territorialer Begrenzung, hier für alle Zeit in unbegrenzter Verschiedenheit der Objekte.

III. Befriedung und Neutralisation.

Zahlreiche gemeinsame Begriffsmerkmale tragen endlich die Institute „Befriedung" und „Neutralisation". Gemeinsam ist ihnen der durch Vertrag geschaffene, in Kriegs- und Friedenszeiten dauernde Zustand und das Verbot des feindlichen Angriffs gegen das zu sichernde Objekt. Verschieden bleibt auch hier sowohl die Ausgestaltung des eigenen Verteidigungsrechts — dort ist sie begrifflich eingeschlossen und Pflicht, hier begrifflich oder ausdrücklich ausgeschlossen — als der Umfang der Erscheinungsform, dort eindeutig und unbeschränkbar, hier verschiedenartig und eng begrenzbar.

Mit dieser Gegenüberstellung der verschiedenen rechtlichen Erscheinungsformen des gleichen politischen Gedankens einer Beschränkung des Krieges ist die Untersuchung im wesentlichen beendet, die den Versuch machen wollte, die verschiedenen Fälle einer Sicherstellung von Personen, Gegenständen, Gebieten und Staaten vor Feindseligkeiten außerhalb des Neutralitäts- und Neutralisationsrechts zu einer Gruppe zusammenzufassen und ihnen ihre systematische Stellung anzuweisen. Der Zweck der Arbeit konnte nur sein, durch kritische Sichtung des Materials eine eingehende Würdigung dieser verschiedenen rechtlichen Erscheinungsformen des Gedankens einer Beschränkung des Krieges zu erleichtern, um auf die Probleme hinzuweisen, die sich hier bieten.

Die Begrenzung des Begriffs der Befriedung im Völkerrecht schuf zugleich die Anerkennung seines Wertes im völkerrechtlichen System.

Fünftes Kapitel.
Einige andere rechtliche Formen des Gedankens einer Beschränkung des Krieges.

I.

Bei der Sammlung und Sichtung des Materials zu den hier interessierenden Fragen fanden sich auch noch andere völkerrechtliche Bestimmungen, welche ebenfalls dem Gedanken einer Beschränkung des Krieges im gewissen, wenn auch beschränkteren Sinne dienen. Diese Gruppe von Rechtssätzen sollen als verwandte Erscheinungen hier noch erwähnt werden. Es handelt sich vor allem um die Verträge über die **Befestigungsverbote** und die **Grenzschutzstreifen**: jene suchen die unvermeidliche Gefahr, die für die befestigten Gebiete besteht, zum Kriegsschauplatz zu werden, durch das Verbot von Festungsanlagen erheblich, wenn auch nicht vollkommen zu vermeiden, diese wollen durch Schaffung eines indifferenten Gebietes zwischen den rivalisierenden Staaten die Reibungsflächen, die eine unmittelbare Berührung bieten, vermindern. **In diesem Sinne kann man also von derartigen Abmachungen als Erscheinungsformen des Gedankens der Beschränkung des Krieges sprechen.** Dabei muß aber gerade darauf hingewiesen werden, **daß es sich rechtlich um ganz andere Gebilde handelt, als bei den in den früheren Kapiteln erörterten Fragen.** Eben deswegen wurden diese Verträge dort auch aus der Besprechung ausgeschieden und fanden hier gewissermaßen als ein Anhang noch Aufnahme.

II.

Auf den ersten Blick könnte es scheinen, **daß das Verbot der Befestigung eines Gebietes** gleichbedeutend sei mit seiner Befriedung. Wenn man aber bedenkt, daß auch unbefestigte Landstrecken Schauplatz blutiger Kämpfe sein können, während doch die Befriedung eines Gebietes gerade den völligen Ausschluß der Vornahme irgendwelcher Feindseligkeiten in dem Gebiete herbeiführt, so erkennt man, **daß zwar die Befriedung stets das Befestigungsverbot in sich schließt, sich aber keineswegs in demselben erschöpft.** Als praktisches Beispiel seien die Artikel 4 und 11 des Suezkanal-Vertrages einander gegenübergestellt.

Art. 4: „Die H. V. T. verpflichten sich, daß kein Kriegsrecht, kein Akt der Feindseligkeit, noch auch irgend ein Akt zum Zwecke, die freie Schiffahrt auf dem Kanale zu hindern, ... ausgeübt werden darf...."

Dagegen heißt es in Art. 11, daß selbst für den Fall, daß die Türkei Maßnahmen zur Verteidigung ihres Landes im Kanalgebiet treffen muß, „es untersagt bleibt", dauernde Befestigungen zu errichten.

Befestigungsverbote sind also etwas von der Befriedung Verschiedenes und nur als verwandte Erscheinungsformen des Gedankens einer Beschränkung des Krieges anzusehen. Als Beispiele für derartige Befestigungsverbote seien hier genannt:

1. **Das Befestigungsverbot für die Stadt Hüningen.**

Art. 3 des zweiten Pariser Friedens vom 20. November 1815 lautet: „In Betracht, daß die Festungswerke von Hüningen zu allen Zeiten ein Gegenstand der Besorgnisse für die Stadt Basel gewesen sind, haben die H. K. M. ... sich dahin vereinigt, daß die Festungswerke von Hüningen geschleift werden, und die französische Regierung verpflichtet sich aus demselben Grunde, sie zu keiner Zeit wiederherzustellen, auch auf eine Entfernung von weniger als drei französischen Meilen von der Stadt Basel keine neuen Befestigungen anlegen zu lassen."

Dieses Verbot besteht wohl auch heute noch, doch kann hier auf die Frage der Fortdauer von Verpflichtungen bei Staatensukzession nicht eingegangen werden. Doch muß hervorgehoben werden, daß überall da, wo Verpflichtungen auf dem Gebiete ruhen, die Verpflichtung unabhängig von dem Wechsel der Gebietshoheit bestehen bleibt[1].

---

[1] Zit. nach v. Liszt § 8 S. 75; Hall, Internat. Law, 4. Aufl., I S. 98; Rivier Bd. I S. 72/73.

2. **Befestigungsverbot für Teile Montenegros.**
Art. 29 Abs. VII des Berliner Vertrages vom 13. Juli 1878 lautet: „Die zwischen dem See und dem Küstenlande auf dem montenegrinischen Gebiete gelegenen Befestigungen sollen geschleift werden, und es dürfen neue in diesem Bezirk nicht errichtet werden."

Diese Bestimmungen sind durch das Abkommen vom 19. April 1909 aufgehoben.

3. **Das Befestigungsverbot am Golf von Arta.**
Im Vertrage von Konstantinopel vom 2. Juni 1881 wurde gelegentlich der Abtretung eines Teiles von Thessalien und Arta an Griechenland bestimmt, daß der Golf von Arta nicht befestigt werden dürfe und die bestehenden Befestigungen niedergelegt werden sollten [1].

4. **Befestigungsverbot an der Küste von Melilla** [2].
Art. 7 des Marokkoabkommens von 1904 lautet: „Afin d'assurer le libre passage du détroit de Gibraltar, les deux gouvernements conviennent de ne pas laisser élever de fortifications ou des ouvrages stratégiques quelconques sur la partie de la côte marocaine comprise entre Melilla et les hauteurs qui dominent la rive droite du Sébou exclusivement ..."

5. **Das Befestigungsverbot auf den Alandsinseln.**
Der dritte Anhangsvertrag des Pariser Friedens vom 30. März 1856 bestimmt in seinem einzigen Artikel:

„S. M. der Kaiser aller Reußen, um dem Wunsche zu entsprechen, welcher ihm von I. M. M. dem Kaiser der Franzosen und der Königin des Vereinigten Königreichs von Großbritannien und Irland ausgedrückt worden, erklärt, daß die Alandsinseln nicht befestigt werden sollen und daß daselbst ein militärisches oder maritimes Etablissement weder unterhalten noch begründet werden soll.

Dieser Zustand der Alandsinseln ist bis zum Jahre 1908 unverändert geblieben, jedoch scheint er durch das Ostseeabkommen vom 10./23. April 1908 zwischen Rußland, Deutschland, Schweden und Dänemark in Frage gestellt zu sein. In der Deklaration des Abkommens wird die Aufrechterhaltung des status quo in der Ostsee beschlossen: „Leur politique par

---

[1] Zit. nach v. Liszt § 8 S. 75.
[2] Zit. nach Fleischmann S. 347.

rapport aux régions de la mer baltique a pour objet le maintien du statu quo." Jedoch scheint Rußland durch das der Deklaration angeschlossene Memorandum sich den Verpflichtungen des Pariser Friedens von 1856 entziehen zu wollen.

Memorandum:

„Au moment de signer la déclaration en date de ce jour, les soussignés, d'ordre de leurs Gouvernements respectifs, croient devoir préciser que le maintien du statu quo, consacré par la susdite déclaration ne vise que l'intégrité territorriale de toutes les possessions actuelles, continentales et insulaires des H. P. C. dans les régions de la mer baltique et que, par conséquent, le dit arrangement ne pourra d'aucune manière être invoqué, lorsqu'il s'agira du libre exercice des droits de souveraineté des H. P. C. sur leurs possessions respectives susmentionnées."

Die Signatarmächte sind Rußland, Schweden, Dänemark und Deutschland.

v. Floeckher[1] meint, daß Rußland sich allerdings mit diesem Memorandum von dem Verbot des Art. 7 des Vertrages von 1856 hat entbinden wollen, daß es aber eines ausdrücklichen Widerrufs bedurft hätte und deswegen das Verteidigungsverbot noch heute in Kraft sei.

Waultrin[2] weist mit Recht darauf hin, daß nur England, Rußland und Frankreich Signatarmächte des Vertrages von 1856 seien, daß also nur jene Mächte Rechte aus dem Vertrage hätten. Eine Abänderung des Vertrages konnte aber andererseits nur durch die Zustimmung der Signatarmächte stattfinden. Im Ostseeabkommen haben aber Frankreich und England nicht mitunterzeichnet. Deswegen kann schon deshalb das Befestigungsverbot für die Alandsinseln nicht durch das Ostseeabkommen von 1908 aufgehoben sein, selbst wenn der Wortlaut dafür spricht, wie es wohl hier der Fall ist. Die rechtliche Lage stimmt auch mit der tatsächlichen heute noch überein; denn Rußland hat

---

[1] Literatur über diese Frage v. Floeckher, La question de la mer baltique R. G. 15, 271 ff.; Ders., La question de fortifications des Iles d'Alands 15, 215.

[2] Waultrin, La neutralité des Iles d'Alands, R.G. 14, 517 ff., der übrigens mit Recht das Wort „Neutralität" hier ablehnt, vgl. den Text des Abkommens bei Strupp II, 196; I, 194.

bis jetzt noch nicht den Versuch gemacht, sich militärisch auf den Alandsinseln festzusetzen.

Überall in diesen Fällen, für welche die genannten Verträge als praktische Beispiele dienen mögen, ist keineswegs ausgeschlossen, daß die betreffenden Punkte im Kriegsfall Schauplatz von Feindseligkeiten werden. **Das Befestigungsverbot dient dem Gedanken einer Beschränkung des Krieges nur in einer unvollkommenen Weise.**

III.

Mit dem Ausdruck „neutrale Zone" werden oft diejenigen Gebietsstreifen bezeichnet, welche zwischen zwei Länder gelegt sind, in der Absicht, die Reibungsflächen der beiden Staaten zu vermindern. Je nach der Lage der Umstände haben diese Grenzschutzstreifen eine eigenartige Regelung gefunden, ohne daß sich einheitliche rechtliche Gesichtspunkte auffinden ließen. Jedenfalls aber ist der Ausdruck „neutral" für diese Gebietsteile ganz irreführend, denn es fehlt nahezu an allen Begriffsmerkmalen hierfür. Als Beispiele seien genannt:

1. **Der Grenzschutzstreifen zwischen Cambodja und Cochinchina**[1].

Durch den Vertrag vom 12. April 1842 zwischen dem König von Cambodja und Frankreich wurde zur wirksameren Bekämpfung von Räubern und Schmugglern ausgemacht, daß in einem Gebiet, welches geschaffen wurde durch Abmessung von 4 km von den beiderseitigen Grenzen, alle Verbrechen von den Staatsgewalten jedes der beiden Staaten verfolgt werden dürfen, unter Mitteilung an den anderen Teil binnen 24 Stunden. Es erübrigt sich jede Ausführung darüber, daß für den Zustand dieses Gebietes das Wort „neutral"[2] völlig unangebracht ist.

2. **Der Grenzschutzstreifen von Marakesch**[3].

Durch den Vertrag vom 4. März 1891 ist zwischen Spanien und dem Sultan von Marokko ein eigenartiges Abkommen getroffen worden. Es soll nämlich zwischen dem spanischen und und marokkanischen Gebiet ein Landstreifen von 500 m Breite verödet liegen bleiben, in dem kein Angehöriger der beiden

---

[1] Literatur Nys; Droit Bd. I, 122.
[2] So Nys a. a. O.
[3] Pradier § 3106; R. G. 1894 S. 162 ff.

Staaten sich bewaffnet aufhalten darf und das nur auf einem ganz bestimmten Wege zu durchqueren erlaubt ist. Diese Zone als neutral zu bezeichnen geht nicht an. Auch der Ausdruck „Befriedung" wird der Sache kaum gerecht. Es handelt sich vielmehr um rechtlich nicht zu qualifizierende eigenartige Regelungen, die an die Vorgänge frühester Geschichte erinnern, wo die Sueben „publice maximam putant esse laudem agros quam latissime vacare ..."[1] oder an den Plan des Turnvaters Jahn, die Vogesen zu entvölkern, um so eine Einöde zwischen Deutschland und Frankreich zu legen.

3. Die Rechtslage Samoas von 1889—1899[2].

Die Akte der Berliner Samoakonferenz vom 14. Juni 1889 enthielt folgende Bestimmungen:

„Art. 1. Declaration respecting the independence and neutrality of these Islands of Samoa and assuring to the respective citizens and subjects of the Signatary Powers equality of rights in said Islands.

Art. 2. It is declared, that the Islands of Samoa are neutral territory, in which the citizens and subjects of the S. P. have equality of rights of residence, trade and personal protection."

Am 14. November 1899 wurde dieser Zustand dadurch beendet, daß Upolu und Savai deutsch wurden, die Tongainseln an England kamen, während Tutuila den Vereinigten Staaten einverleibt wurde.

Diese „neutrality" war also nichts weiter wie eine Interessenabgrenzung der Vertragsstaaten in Bezug auf die fraglichen Gebiete nach dem Grundsatz der Gleichheit ihrer Staatsangehörigen. Man hat in neuerer Zeit für solche Abmachungen das Wort „Interessensphäre" geprägt und, wenn das Land an Kolonien der betreffenden Staaten angrenzt, so wird allgemein von Hinterland gesprochen. Es bedarf keiner Erwähnung, daß für solche Gebiete der Begriff der Neutralität oder dgl. nicht paßt. Es handelt sich hier lediglich um die Absicht, die Reibungsflächen der rivalisierenden Staaten zu verringern[3].

---

[1] Caesar de bello Gallico Buch IV Cap. 3.

[2] Literatur: M. Moye, Die Rechtslage der samoanischen Inseln, R. G. 6, 120 ff.; Strupp II, 100.

[3] Hand in Hand mit der Aufteilung der Interessensphäre in Samoa ging übrigens auch die Teilung der „neutralen Zone" von Salaga

In all den hier angeführten Verträgen handelt es sich nur um einen mehr oder weniger aussichtsreichen Versuch, die Gefahren eines Krieges abzuschwächen oder zu vermindern, ohne daß für diese Abmachungen rechtlich gemeinsame Gesichtspunkte aufzufinden wären, und die Bezeichnung „Neutralität" oder einer der in dieser Arbeit erörterten Begriffe können nicht Anwendung finden. **Die Stellung dieser Verträge unter den Begriff der Neutralität durch die Bezeichnung „neutrale Zone" oder dgl. sowie die Anwendung der Ausdrücke „neutral" in den politischen Dokumenten selbst beweisen wiederum, wie sehr es zu wünschen ist, daß die Bezeichnungen „Neutralität" und „Neutralisation" nur da gebraucht werden, wo sie wirklich passen.**

---

zwischen Togo und den englisch-afrikanischen Besitzungen, bei der es sich natürlich ebenso wie bei Samoa nicht um eine „neutrale Zone", sondern um eine gemeinsame Interessensphäre handelte. (Vgl. dazu Bülows Rede im Reichstage am 12. Februar 1900 und den Bericht der Hamburger Handelskammer von 1899.)

Printed by Libri Plureos GmbH
in Hamburg, Germany